CW00585049

N° et Nom du circuit	durée	page
1 La Virado des Roncs	3 h 30	24
2 La Coste	4 h 00	26
3 Les drailles perdues	5 h 00	28
4 La crête d'Aujac	8 h 00	30
5 Le Ronc-Rouge	3 h 40	34
6 La chapelle Lacham	4 h 30	36
7 Le château de Montalet	3 h 00	38
8 La source de Carabiol	5 h 00	40
9 L'escale	3 h 30	42
10 Saint-Marcel-de-Fontfouillouse	4 h 30	44
11 Signal Saint-Pierre	3 h 30	46
12 Le sentier de Roquefeuil	5 h 00	48
13 La draille de Rouveyrac	3 h 00	50
14 Lacan et le château de Tornac	4 h 00	52
15 Le « sentier des morts »	3 h 00	58
16 Sentier du Saint-Guiral	7 h 00	60
17 Le sentier du Ciel	2 h 00	64
18 La Grande Draille	6 h 30	66
19 Entre Vis et Virenque	4 h 00	68
20 Villages viganais, circuit des Ruthènes	4 h 00	70
21 Sentier du col des Mourèzes	4 h 00	72
22 Le Ranc de Banes	6 h 30	74
23 Dolmens et capitelles	4 h 30	78
24 Le rocher de Castelviel	3 h 00	80
25 Le château d'Allègre	3 h 00	82
26 La dent du Serret	6 h 00	84
27 Le menhir, les Concluses	4 h 50	86
28 La Sabranenque	6 h 30	88
29 La Chartreuse de Valbonne	5 h 00	90
30 Le Camp de César	8 h 30	94
31 Les collines rhôdaniennes	3 h 30	96
32 La Droude	4 h 00	100
33 Le mont Bouquet	7 h 00	102
34 Le Mas-de-l'Ancienne-Eglise	4 h 00	106
35 Entre vignobles et collines	3 h 00	110
36 Le chemin de Masmolène	6 h 30	112
37 Les gorges du Gardon	4 h 00	114
38 Autour du vallon des Pontils	5 h 00	116
39 Gorges de l'Alzon et capitelles	3 h 00	118
40 L'ermitage de Collias	3 h 00	120
41 Le pont du Gard	5 h 00	122
42 Notre-Dame-de-Grâce de Rochefort	5 h 00	126
43 Le Clos de Gaillard	3 h 00	128
44 Le château de la Rouquette	5 h 30	134
45 Les chênes de Coutach	8 h 00	136
46 Le sentier du terroir	6 h 00	138
47 Le pont du Hasard	3 h 30	140
48 Le bois de Paris	4 h 00	142
49 Le chemin des oliviers	6 h 00	144
50 L'abbaye de Saint-Roman	1 h 30	146
51 Autour de la Costière	3 h 00	148
52 Autour du marais de Cougourlier	2 h 00	150
53 D'un canal à l'autre	3 h 00	152

CLASSEMENT DES RANDONNÉES

Très facile   Facile   Moyen   Difficile

Avertissement : les renseignements fournis dans ce topo-guide sont exacts au moment de l'édition. Toutefois, certaines transformations du paysage engendrées par l'urbanisation, la création de nouvelles routes ou lignes ferroviaires, l'exploitation forestière ou agricole, etc., peuvent modifier le tracé des itinéraires. Le balisage sur le terrain devient alors l'élément prioritaire du repérage, avant la carte et le descriptif. N'hésitez pas à nous signaler les changements. Les modifications seront intégrées lors de la réédition.

2e édition : juin 2002
© ISBN 2-85699-935-2 © IGN 2002 (fond de carte)
Dépôt légal : avril 2003

Les départements de France *à pied*®

Le Gard *à pied*®

53 promenades et randonnées

Fédération Française de la Randonnée Pédestre

association reconnue d'utilité publique
14, rue Riquet
75019 PARIS

SOMMAIRE

Vers le pic Saint-Guiral. *Photo D. G.*

INFOS PRATIQUES
p 6

Choisir sa randonnée. Quand randonner ?
Se rendre sur place..p 6-7

Boire, manger et dormir dans la région.................p 8

Comment utiliser le guide ?............................p 10-11

Des astuces pour une bonne rando.....................p 12

Où s'adresser ?..p 15

DÉCOUVRIR LE GARD ———————————— p 18

LES PROMENADES ET RANDONNÉES ———————— p 24

p 24 La Virado des Roncs	**p 88** La Sabranenque
p 26 La Coste	**p 90** La Chartreuse de Valbonne
p 28 Les drailles perdues	**p 94** Le Camp de César
p 30 La crête d'Aujac	**p 96** Les collines rhôdaniennes
p 34 Le Ronc-Rouge	**p 100** La Droude
p 36 La chapelle Lacham	**p 102** Le mont Bouquet
p 38 Le château de Montalet	**p 106** Le Mas-de-l'Ancienne-Eglise
p 40 La source de Carabiol	**p 110** Entre vignobles et collines
p 42 L'escale	**p 112** Le chemin de Masmolène
p 44 Saint-Marcel-de-Fontfouillouse	**p 114** Les gorges du Gardon
p 46 Signal Saint-Pierre	**p 116** Autour du vallon des Pontils
p 48 Le sentier de Roquefeuil	**p 118** Gorges de l'Alzon et capitelles
p 50 La draille de Rouveyrac	**p 120** L'ermitage de Collias
p 52 Lacan et le château de Tornac	**p 122** Le pont du Gard
p 58 Le « sentier des morts »	**p 126** Notre-Dame-de-Grâce de Rochefort
p 60 Sentier du Saint-Guiral	**p 128** Le Clos de Gaillard
p 64 Le sentier du Ciel	**p 134** Le château de la Rouquette
p 66 La Grande Draille	**p 136** Les chênes de Coutach
p 68 Entre Vis et Virenque	**p 138** Le sentier du terroir
p 70 Villages viganais, circuit des Ruthènes	**p 140** Le pont du Hasard
p 72 Sentier du col des Mourèzes	**p 142** Le bois de Paris
p 74 Le Ranc de Banes	**p 144** Le chemin des oliviers
p 78 Dolmens et capitelles	**p 146** L'abbaye de Saint-Roman
p 80 Le rocher de Castelviel	**p 148** Autour de la Costière
p 82 Le château d'Allègre	**p 150** Autour du marais de Cougourlier
p 84 La dent du Serret	**p 152** D'un canal à l'autre
p 86 Le menhir, les Concluses	

BIBLIOGRAPHIE ET CARTOGRAPHIE ———————— p 157

DANS LA MÊME COLLECTION ———————————— p 159

INDEX DES NOMS DE LIEUX ————————————— p 160

Choisir sa randonnée

Les randonnées sont classées par ordre de difficulté.

Elles sont différenciées par des couleurs dans la fiche pratique de chaque circuit.

très facile   Moins de 2 heures de marche.
Idéale à faire en famille, sur des chemins bien tracés.

facile   Moins de 3 heures de marche.
Peut être faite en famille. Sur des chemins, avec quelquefois des passages moins faciles.

moyen   Moins de 4 heures de marche.
Pour randonneur habitué à la marche. Avec quelquefois des endroits assez sportifs ou des dénivelées.

difficile   Plus de 4 heures de marche.
Pour randonneur expérimenté et sportif. L'itinéraire est long ou difficile (dénivelée, passages délicats), ou les deux à la fois.

Durée de la randonnée

La durée de chaque circuit est donnée à titre indicatif. Elle tient compte de la longueur de la randonnée, des dénivelées et des éventuelles difficultés.
Pas de complexe à avoir pour ceux qui marchent à «deux à l'heure» avec le dernier bambin, en photographiant les fleurs.

Quand randonner ?

■ Automne-hiver : les forêts sont somptueuses en automne, les champignons sont au rendez-vous (leur cueillette est réglementée), et déjà les grandes vagues d'oiseaux migrateurs animent les eaux glacées.

■ Printemps-été : suivant les altitudes et les régions, les mille coloris des fleurs animent les parcs et les jardins, les bords des chemins et les champs.

■ Les journées longues de l'été permettent les grandes randonnées, mais attention au coup de chaleur. Il faut boire beaucoup d'eau.

■ En période de chasse, certaines randonnées sont déconseillées, voire interdites. Se renseigner en mairie.

Avant de partir, il est recommandé de s'informer sur le temps prévu pour la journée, en téléphonant à Météo France : 32 50

Pour se rendre sur place

En voiture

Tous les points de départ sont facilement accessibles par la route.
Un parking est situé à proximité du départ de chaque randonnée.
Ne laissez pas d'objet apparent dans votre véhicule.

Par les transports en commun

■ Pour les dessertes SNCF, les horaires sont à consulter dans les gares ou par tél. au 08 92 35 35 35, sur Minitel au 3615 SNCF, sur internet : www.scnf.fr.

■ Pour se déplacer en car, se renseigner auprès des Offices de tourisme et Syndicats d'initiative (voir la rubrique « Où s'adresser ? » page 15).

Où manger et dormir dans la région ?

Un pique-nique sur place ?

Chez l'épicier du village, le boulanger ou le boucher, mille et une occasions de découvrir les produits locaux.

Pour découvrir un village ?

Des terrasses sympathiques où souffler et prendre un verre.

Une petite faim ?

Les restaurants proposent souvent des menus du terroir. Les tables d'hôtes et les fermes-auberges racontent dans votre assiette les spécialités du coin.

Une envie de rester plus longtemps ?

De nombreuses possibilités d'hébergement existent dans la région.

Boire, manger et dormir dans la région ?	ALIMENTATION	RESTAURANT	CAFÉ	HEBERGEMENT
Aiguèze	X	X	X	X
Allègre	X	X	X	X
Anduze	X	X	X	X
Aspères				X
Aubais	X	X	X	X
Aujargues	X	X		X
Bagnols-sur-Cèze	X	X	X	X
Barjac	X	X	X	X
Beaucaire	X	X	X	X
Bellegarde	X	X	X	X
Belvézet		X		X
Bessèges	X	X	X	X
Blauzac	X	X	X	X
Bonnevaux	X	X	X	X
Bragassargues		X		X
Camprieu	X	X	X	X
Collias	X	X	X	X

Boire, manger et dormir dans la région ?	ALIMENTATION	RESTAURANT	CAFÉ	HEBERGEMENT
Concoules	X	X	X	X
Comps	X		X	X
Corconne		X	X	X
Dourbies	X		X	X
Génolhac	X	X	X	X
Junas	X	X	X	X
La Capelle Masmolène		X	X	X
Le Vigan	X	X	X	X
Les Plantiers	X	X	X	X
Lussan	X	X	X	X
Méjannes-le-Clap	X	X	X	X
Mialet	X	X	X	X
Molières Cavaillac		X	X	X
Molières-sur-Cèze	X	X	X	X
Nîmes	X	X	X	X
Notre-Dame de la Rouvière	X	X	X	X
Orsan		X	X	
Quissac	X	X	X	X
Robiac-Rochessadoule	X	X	X	X
Rochefort-du-Gard	X	X	X	X
St-André-de-Valborgne	X	X	X	X
Ste-Anastasie (Russan)	X		X	X
St-Bonnet-du-Gard	X	X	X	
St-Gilles	X	X	X	X
St-Hippolyte-du-Fort	X	X	X	X
St-Jean-du-Gard	X	X	X	X
St-Julien-les-Rosiers	X	X	X	X
St-Michel-d'Euzet	X		X	
St-Paulet-de-Caisson – La Valbonne	X	X	X	X
Sauve	X	X	X	X
Seynes	X	X	X	X
Sumène	X	X	X	X
Thoiras				X
Tornac	X	X	X	X
Uzès	X	X	X	X
Valleraugue	X	X	X	X
Vauvert - Gallician	X	X	X	X
Vénéjan	X	X	X	X
Vers pont du Gard	X	X	X	X
Vézénobres	X	X	X	X
Vissec				X

La randonnée est reportée en rouge sur la carte IGN

Rivière

Village

IGN n° 3242 OT

1 : 25 000 (1 cm = 250 m)

© FFRP - Reproduction des tracés interdite.

GR, GRP et PR sont des marques déposées.

La forêt (en vert)

La fabrication de l'ocre

Le minerai brut d'extraction doit être lavé pour séparer l'ocre marchande des sables inertes. L'eau délaie la matière brute qui décante pendant le trajet pour ne laisser subsister que de l'ocre pur que le courant emporte dans les bassins. Après plusieurs jours de repos dans les bassins, l'eau de surface ne contient plus d'ocre. La couche d'ocre déposée au fond peut atteindre 70 à 80 cm d'épaisseur. Encore à l'état pâteux, la surface de l'ocre est griffée à l'aide d'un carrelet. Elle est ensuite découpée à la bêche et entassée en murs réguliers où les briquettes d'ocre achèvent de sécher. Le matériau part ensuite pour l'usine où s'achèvera son cycle de préparation : broyage, blutage et cuisson.

Colorado provençal. *Photo D. G.*

52

Pour en savoir plus

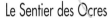
Nom et Numéro de la randonnée

Pour se rendre sur place

3 h ← Temps de marche à pied
9 Km ← Longueur

Classement de la randonnée :
Très facile — Moyen
Facile — Difficile

572m ⟋ Point le plus haut
345m ⟋ Point le plus bas

P Parking

 Balisage des sentiers *(voir page 13)*

 Attention

 Prévoir des jumelles

 Prévoir une lampe de poche

 Emporter de l'eau

 Circuit praticable à VTT

 Sites et curiosités à ne pas manquer en chemin

 Autres découvertes à faire dans la région

Le Sentier des Ocres — Fiche pratique 17

Cet itinéraire présente le double avantage d'une découverte à la fois panoramique et intime des ocres.

3 h · 9 Km 572m 345m

Situation : Rustrel sur la D 22 à 13 km au Nord-Est d'Apt

P **Parking** communal de Rustrel

Balisage
❶ à ❸ blanc-rouge
❸ à ❽ jaune

⚠ **Difficulté particulière**
■ passages roides dans la descente sur Istrane

 Ne pas oublier

À voir
En chemin
■ Gisements de sables ocreux
■ Chapelle Notre-Dame-des-Anges

Dans la région
■ Roussillon : sentier des aiguilles et usine Mathieu, consacrés à l'exploitation de l'ocre.

❶ Du parking, emprunter la route vers l'Est.

❷ Dans le prochain virage à gauche, prendre à droite l'ancien chemin de Rustrel à Viens qui descend vers la Doa. Franchir le torrent. Passer à côté d'un cabanon en ruine. Un peu plus haut, le chemin surplombe un cirque de sables ocreux.

❸ Laisser le GR° 6 à gauche. Plus haut le chemin surplombe le ravin de Barries et le moulin du même nom. En haut du vallon de Barries, prendre à gauche une route.

❹ Au carrefour suivant, tourner à droite.

❺ Après une petite ferme entourée de cèdres et de cyprès, prendre à droite le chemin qui parcourt le rebord du plateau.

❻ Après une courte descente, prendre à droite. Suivre le haut du ravin des Gourgues. Ne pas prendre le prochain sentier sur la gauche. A la bifurcation suivante, prendre à gauche le sentier à peu près horizontal qui s'oriente vers l'Ouest. Un peu plus loin, longer une très longue bande de terre cultivée. Se diriger vers la colline de la Croix de Cristol.

❼ Au pied de celle-ci, prendre à droite le sentier qui descend vers Istrane. *Il s'agit de l'ancien chemin de Caseneuve à Rustrel. Une éclaircie ouvre des points de vue sur les pentes ravinées de Couvin, sur la chapelle de Notre-Dame-des-Anges et sur Saint-Saturnin-lès-Apt. Au fur et à mesure de la descente, la végétation change de physionomie pour laisser place à des espèces qui affectionnent les terrains sableux.* Franchir la Doa et remonter la route jusqu'à Istrane.

❽ Au croisement, prendre à droite l'ancien chemin de la poste. Passer à proximité d'une ancienne usine de conditionnement de l'ocre, puis à côté de Bouvène. Avant de regagner le point de départ, on peut remarquer le site des Cheminées de Fées *(colonnes de sables ocreux protégées par des blocs de grès).*

53

Description précise de la randonnée

Des astuces pour une bonne rando

■ Prenez un petit sac pour y mettre la gourde d'eau, le pique-nique et quelques aliments énergétiques pour le goûter.

Le temps peut changer très vite lors d'une courte randonnée. Un coupe-vent léger ou un vêtement chaud et imperméable sont conseillés suivant les régions.

En été, pensez aux lunettes de soleil, à la crème solaire et au chapeau.

■ La chaussure est l'outil premier du randonneur. Elle doit tenir la cheville. Choisissez la légère pour les petites randonnées. Si la rando est plus longue, prévoyez de bonnes chaussettes.

■ Mettez dans votre sac à dos l'un de ces nouveaux petits guides sur la nature animera la randonnée. Ils sont légers et peu coûteux et permettent de reconnaître facilement les orchidées sauvages et les différentes fougères. Cela évite de marcher n'importe où et d'écraser des espèces rares ou protégées.

■ Pour garder les souvenirs de la randonnée, des fleurs et des papillons, rien de tel qu'un appareil photo.

■ Les barrières et les clôtures servent à protéger les troupeaux ou les cultures. Une barrière ouverte sera refermée.

■ Les chiens sont tenus en laisse. Ils sont interdits dans les parcs nationaux et certaines zones protégées.

SUIVEZ LE BALISAGE POUR RESTER SUR LE BON CHEMIN.

LE BALISAGE DES SENTIERS	PR®	GR®	GRP®
Bonne direction			
Tourner à gauche			
Tourner à droite			
Mauvaise direction			

© FFRP - Reproduction interdite

La randonnée : une passion FFRP !

Des sorties-randos accompagnées, pour tous les niveaux, sur une journée ou un week-end : plus de 2500 associations sont ouvertes à tous, dans toute la France.

Un grand mouvement pour promouvoir et entretenir les 180 000 km de sentiers balisés. Vous pouvez vous aussi vous impliquer dans votre département.

FF℟P

Des stages de formations d'animateurs de randonnées, de responsables d'association ou encore de baliseurs, organisés toute l'année.

Une garantie de sécurité pour randonner bien assuré, en toute sérénité, individuellement ou en groupe, grâce à la licence FFRP ou à la RandoCarte.

*Pour connaître l'adresse du Comité de votre département,
pour tout savoir sur l'actualité
de la randonnée et découvrir la collection des topo-guides :*

www.ffrp.asso.fr

Centre d'Information de la FFRP
14, rue Riquet 75019 Paris - Tél : 01 44 89 93 93
Ouvert du lundi au samedi de 10h à 18h.

Où s'adresser ?

Comité régional du tourisme (CRT)

Le CRT publie des brochures d'informations touristiques (gratuites) sur chaque région administrative :
CRT du Languedoc-Roussillon, tél. 04 67 22 81 00

Comité départemental du tourisme (CDT)

Le CDT publie des brochures (gratuites) mises à jour sur les activités, les séjours et l'hébergement dans le département concerné ainsi que la liste des Offices du Tourisme et Syndicats d'Initiative :
CDT du Gard, 3, Place des Arènes, BP 122, 30010 Nîmes cedex 4,
Tél. 04 66 36 96 30, e-mail : contact@cdt-gard.fr

Offices de tourisme et syndicats d'initiative

- Nîmes, tél. 04 66 58 38 00, e-mail : info@ot-nimes.fr
- Aigues-Mortes, tél. 04 66 53 73 00, e-mail : OT.aiguesmortes@wanadoo.fr
- Alès, tél. 04 66 52 32 15, e-mail : tourisme@ville-alès.net
- Alzon, tél. 04 67 82 08 30, e-mail : otvv@free.fr
- Anduze, tél. 04 66 61 98 17, e-mail : anduze@ot-anduze.fr
- Aramon, tél. 04 66 57 37 50, e-mail : tourisme.aramon@wanadoo.fr
- Bagnols-sur-Cèze, tél. 04 66 89 54 61, e-mail : off.tourisme.bagnols@wanadoo.fr
- Barjac, tél. 04 66 24 53 44
- Beaucaire, tél. 04 66 59 26 57, e-mail : info@ot-beaucaire.fr
- Bessèges, tél. 04 66 25 08 60
- Camprieu, tél. 04 67 82 64 67
- Cendras, tél. 04 66 30 21 83
- Les Fumades, tél. 04 66 24 80 24, e-mail : les-fumades@fr.st
- Génolhac, tél. 04 66 61 18 32, e-mail : ot.genolhac@wanadoo.fr
- Goudargues, tél. 04 66 82 30 02
- Le Grau-du-Roi / Port Camargue, tél. 04 66 51 67 70,
  e-mail : ot-legrauduroiportcamargue@wanadoo.fr
- Lasalle, tél. 04 66 85 27 27, e-mail : offtour.lasalle@wanadoo.fr
- Méjannes-le-Clap, tél. 04 66 24 42 41
- Pont-Saint-Esprit, tél. 04 66 39 44 45, e-mail : office.de.tourisme.PSE@wanadoo.fr
- Quissac, tél. 04 66 77 11 48
- Remoulins, tél. 04 66 37 22 34
- Roquemaure, tél. 04 66 90 21 01
- Saint Ambroix, tél. 04 66 24 33 36
- Saint-André-de-Valborgne, tél. 04 66 60 32 11, e-mail : vallee.borgne@wanadoo.fr
- Saint-Gilles, tél. 04 66 87 33 75, e-mail : OT.ST.GILLES@wanadoo.fr
- Saint-Hippolyte-du-Fort, tél. 04 66 77 91 65, e-mail : cigalois.ot@wanadoo.fr
- Saint-Jean-du-Gard, tél. 04 66 85 32 11, e-mail : otsistjean@aol.com
- Saint-Laurent-des-Arbres, tél. 04 66 50 10 10, e-mail : otstlaurent@aol.com
- Sauve, tél. 04 66 77 57 51, e-mail : otsauve@net-up.com
- Sommières, tél. 04 66 80 99 30, e-mail : ot.sommieres@wanadoo.fr
- Sumène, tél. 04 67 81 30 16
- Uzès, tél. 04 66 22 68 88, e-mail : otuzes@wanadoo.fr
- Valleraugue, tél. 04 67 82 25 10, e-mail : office.tourisme.valleraugue@wanadoo.fr
- Vauvert, tél. 04 66 88 28 52, e-mail : ot.vauvert@wanadoo.fr
- Vergèze, tél. 04 66 35 45 92, e-mail : otrhony@ifrance.com
- Le Vigan, tél. 04 67 81 01 72, e-mail : ot.le-vigan@wanadoo.fr
- Villeneuve-lez-Avignon, tél. 04 90 25 61 33,
  e-mail : villeneuve.lez.avignon-tourisme@wanadoo.fr
- Vézénobres, tél. 04 66 83 62 02

La Fédération française de la randonnée pédestre (FFRP)

• Le Centre d'Information Sentiers et Randonnée
Pour tous renseignements sur la randonnée en France et sur les activités de la FFRP
14, rue Riquet, 75019 Paris, tél. 01 44 89 93 93, fax 01 40 35 85 48
e-mail : info@ffrp.asso.fr

• Le Comité Régional de la Randonnée Pédestre (CRRP)
CRRP Languedoc-Roussillon, Résidence le Belvédère, Chemin des Tilleuls,
48000 Mende, tél. 04 66 65 36 97, fax 04 66 49 36 80,
e-mail : CRRP.LR@wanadoo.fr
• Le Comité Départemental de la Randonnée Pédestre (CDRP)
CDRP du Gard, La Vigneronne, 114 B, route de Montpellier, 30540 Milhaud,
tél. 04 66 74 08 15, fax 04 66 68 93 21, e-mail : cdrp30@wanadoo.fr

Le Gard, terre de randonnée

Traverser la Camargue, parcourir les Cévennes, découvrir la garrigue, pénétrer les gorges, cheminer sur les traces des Celtes, des Romains, des Camisards, tel est le programme proposé au travers de cet ouvrage.

La diversité géographique et la qualité du patrimoine culturel du Gard nous permettent de vous proposer un incomparable réseau d'itinéraires de randonnée.

Le Conseil général et le Comité départemental du tourisme conscients de ces richesses, ont engagé une politique volontaire de mise en valeur, de présentation et de promotion des terroirs du Gard.

L'histoire des hommes qui ont modelé ces paysages, les savoir-faire ancestraux, la mémoire orale, la qualité du patrimoine culturel et naturel, sont autant de points sur lesquels le Département porte ses actions.

Nous sommes fiers de participer avec vous, promeneurs et randonneurs, à la protection et à la mise en valeur de ce patrimoine. Les chemins, portes ouvertes sur les espaces naturels, restent pour nous l'élément porteur d'un développement touristique durable. Ils permettent à chacun d'entre nous de renouer avec ses racines mais également aux populations locales, par la diversification de leurs activités, de conserver au monde rural son caractère, son authenticité et sa réalité économique.

L'entretien, la mise en valeur et la promotion des 3000 km d'itinéraires du Plan départemental de randonnée s'intègrent donc parfaitement dans cette politique de valorisation du patrimoine et de développement touristique.

Alors n'hésitez plus, nouez vos chaussures, saisissez votre sac à dos et venez participer à la renaissance des chemins historiques et symboliques du Gard.

Yvan VERDIER
Président du Comité Départemental
du Tourisme du Gard

Alain JOURNET
Sénateur du Gard
Président du Conseil
Général du Gard

FORET
P
A
S
S G
I E
O S
N T
PRIVEE
G
E
S
T
I
O
N

Contrairement à une idée reçue, la forêt n'est ni immuable, ni éternelle. Depuis de nombreuses années le forestier gère ce patrimoine.

Celui-ci sélectionne les arbres adaptés au sol. Il les débroussaille, les taille et les élague pour les rendre plus élancés. Il les éclaircit pour les fortifier. Il les protège des parasites, du feu. Enfin quand ils deviennent adultes, ce même forestier (ou plutôt son petit-fils) les récolte pour en faire des charpentes, des meubles, des planches, de la pâte à papier, du bois de feu.

Avec plus du tiers de sa superficie couverte par des bois et forêts (217 246 hectares), le Gard apparaît comme un département très boisé.

Le quart de ces forêts sont publiques, c'est-à-dire relèvent de l'Etat ou des Communes.

La majorité de ces forêts appartiennent donc à des particuliers que l'on retrouve dans toutes les catégories socioprofessionnelles de notre société. Pour notre seul département, on ne compte pas moins de 30 000 propriétaires forestiers de 1 à 100 hectares. Les petites surfaces sont cependant très largement majoritaires.

Mais quelle que soit sa superficie, pour être bien gérée une forêt nécessite de la part de son propriétaire un vrai savoir-faire et beaucoup de passion car on ne travaille jamais pour soi mais toujours pour les générations futures.

Alors, ami randonneur, quand vous emprunterez un sentier, sachez que vous allez forcément utiliser ds pistes de Défense contre les incendies (D.F.C.I.) ou traverser plusieurs forêts privées ou publiques. Vous y êtes un hôte de passage. Soyez donc attentif aux recommandations suivantes :

Merci et bonne randonnée !

Découvrir le Gard

Depuis des lustres, le Gard est appelé le « paradis des géologues ». Il mérite aussi, sans aucune hésitation, le titre de paradis des randonneurs.

Le sol du département a été profondément bouleversé lors de la surrection de la chaîne des Cévennes et les diverses couches géologiques se sont imbriquées les unes dans les autres. En quelques centaines de mètres, il peut arriver de marcher sur des terrains granitiques, schisteux, calcaires, dolomitiques, gréseux, argilo-silicieux, sablonneux.

Cette singulière mosaïque a favorisé une extrême diversité des essences végétales.

La châtaigneraie, largement dominante sur les versants ensoleillés du Haut Gard, conserve encore des reliques insolites sur les collines de Fons-Outre-Gardon, de Vézénobres et de Saint-Julien-de-Peyrolas. La hêtraie renaissante des flancs de l'Aigoual

Ciste cotonneux. *Photo N.V.*

prospère également au cœur de l'Uzège, dans les lœss de Valbonne.

Les Rouvières, les forêts de chênes blancs, survivent surtout dans la toponymie, mais il est fréquent de découvrir à des carrefours de vénérables spécimens pluri-centenaires. Les Elzières, les bois de chênes verts, ont colonisé la garrigue et les piémonts schisteux. Délaissés aujourd'hui par les fabricants de charbon de bois et par les tanneurs, grands utilisateurs d'écorce, les yeuses atteignent souvent une taille respectable.

Conifères, aulnes, érables, arbousiers et peupliers complètent ce véritable « patchwork » arboré, en particulier, à l'automne lorsque chaque feuillage revêt sa propre nuance dans une palette allant des bruns couleur rouille aux jaunes lumineux.

L'érosion, dopée par les pentes abruptes, est à l'origine d'un relief très accidenté qui contribue à accentuer le caractère pluriel des paysages.

Circaète jean-le-blanc. *Photo F.de R.*

Vallon de la Valniérette. *Photo F.de R.*

Que de contrastes entre les serres déchiquetées des Cévennes, éventrées par des « valats » torrentiels, et les immenses étendues karstiques où les cours d'eau se sont enfoncés lorsque la mer s'est retirée.

Grande est la surprise de découvrir les gorges profondes entaillées dans les plateaux calcaires par de modestes rivières telles la Cèze et le Luech au nord du département, la Vis et l'Argentesse à l'ouest et l'Argensol et l'Aiguillon en Uzège.

Chaque « gardonnet » a creusé son défilé personnel à travers les garrigues. Leurs eaux

Les concluses de Lussan.
Photo F. de R.

mêlées dans le mythique Gardon ont sculpté un authentique « canyon » entre Dions et Collias.

La courte distance qui sépare les sommets de l'Aigoual et du mont Lozère et le rivage du littoral apporte, comme sur la Côte d'Azur, un effet bénéfique sur le climat. La masse d'eau de la Méditerranée, dont la température varie très peu, favorise les contrastes thermiques. Au matin, les nappes d'air froid de l'intérieur des terres glissent vers la mer, tandis qu'au coucher du soleil le vent marin souffle vers les garrigues et les serres réchauffées pendant le jour. Ces brises bienfaisantes qui balaient les formations nuageuses offrent, le plus souvent, un ciel limpide et serein. Le bleu azur gardois se rapproche tellement de la pureté absolue que les peintres du monde entier l'ont baptisé « bleu Anduze ».

Un des attraits majeurs des balades pédestres dans le département repose sur la magie de la plupart des sentiers balisés. Placé idéalement dans le couloir de

Dolmen, près de St-Hippolyte-du-Fort.
Photo F.de R.

circulation préhistorique faisant communiquer la vallée du Rhône et la vallée de la Garonne, le Gard se présente comme une terre de passages. Bien plus, à l'image du Rhône qui a toujours été sillonné par des embarcations reliant les deux rives, les montagnes des Cévennes n'ont jamais constitué une barrière pour les échanges. Au contraire, elles ont joué le rôle de zone de contact entre « Haut pays » d'Auvergne et « Bas pays » du Languedoc. Depuis des temps immémoriaux peuples et populations des deux contrées ont fréquenté massivement la chaîne des foires de Meyrueis, Le Vigan, Barre, Anduze, Villefort, Saint-Ambroix et les Vans.

Pendant des millénaires, les chemins qui courent dans la campagne gardoise n'ont jamais cessé de canaliser ces longues marches. Allongez-vous sur la bordure et collez votre oreille contre le sol. Vous entendrez le martèlement lancinant des troupeaux de moutons et de brebis qui montaient à l'estive en empruntant drailles et draillaous.

Vous entendrez le bruit rythmé des fers à mulets quand les pittoresques caravanes de bêtes de somme suivaient les *camis ferrats* et les *camis* de la *saou*.

Vous entendrez le pas cadencé des légions romaines qui se déplaçaient sur la via Domitia et les moyeux grinçants des chariots qui roulaient sur les routes gardoises.

En réalité, les chemins gardois se présentent comme un rite initiatique pour remonter le temps jadis.

Châtaigneraie. *Photo F.de R.*

Ce prestigieux passé se signale sans cesse au randonneur : là, des dolmens et des menhirs de cinq mille ans d'âge, ici des vestiges grecs d'avant notre ère, ici encore des monuments romains à couper le souffle.

Le Moyen Age a laissé quantité d'églises romanes, des tours et des châteaux du 12e siècle, des villages perchés en acropole, des enceintes fortifiées avec leurs portes et leurs tours, des places du marché bordées d'arcades…

Rares sont les villes et les bourgs qui n'aient pas conservé des maisons Renaissance et des hôtels particuliers construits au siècle des Lumières.

Pont du Gard. *Photo CDT 30*

En randonnant dans le département, on ne peut que s'émerveiller de la diversité des lieux chargés d'histoire. Les mille facettes de ce très vieux pays sont autant d'invitations à revenir pour de nouvelles balades enrichissantes.

Et, en ce début de 21e siècle, le Gard maintient sa vocation de terre de communication avec ses deux autoroutes et sa ligne TGV en cours d'achèvement.

Pierre-Albert CLEMENT
Historien

Transhumance. *Photo F.de R.*

Les Cévennes, terre de liberté...

Valat de Taleyrac. *Photo F. de R.*

« *Un enchevêtrement de collines bleues s'étalaient devant moi* ». *Ce soir là Robert Louis Stevenson n'a pas écrit une ligne de plus dans son « Journal de route ». « Un autre pays, les Cévennes par excellence, la Cévennes des Cévennes » déroulaient à l'infini cet enchevêtrement de serres (crêtes) et de valats (vallées). Il faut voir ce paysage, et, pour ceux qui ne peuvent monter sur les crêtes du Lozère, d'Aujac ou de Bonnevaux, il reste le belvédère des Bouzèdes sur la route en lacets qui grimpe au Mas de la Barque.*

Malgré des altitudes modestes, l'importance du ravinement lié à la raideur des pentes et à l'encaissement des vallées crée une ambiance réellement montagnarde. Cette montagne chantée par Jean Ferrat, les hommes ne l'ont jamais domptée, mais pour y vivre, ils ont dû la façonner. Des menhirs du néolithique aux filatures de l'industrie de la soie, l'empreinte laissée par l'homme au cours de son histoire est omniprésente.

Les Cévennes, en suivant les crêtes aujourd'hui, c'est emprunter les drailles millénaires des troupeaux de moutons transhumants qui quittaient jadis la plaine surchauffée pour gagner les terres plus fraîches et plus vertes.

Les Cévennes, ce sont de beaux « villages-rues », aux riches arcades, bâtis sur la Voie Regordane qui reliait jadis Nîmes au Puy.

Les Cévennes, c'est une immense futaie de pins maritimes qui servaient encore hier à produire les bois des mines du bassin houiller.

Les Cévennes ou le dur labeur des paysans qui ont sué sang et eau pour fabriquer une plaine en altitude : les terrasses (bancels, faïsses) dont beaucoup sont aujourd'hui laissées à l'abandon.

Les Cévennes, c'est « l'arbre à pain » (le châtaigner) puis « l'arbre d'or », le mûrier de l'époque de la soie.

Les Cévennes c'est aussi une terre de refuge de toujours, hier réfugiés protestants, réfugiés pendant la Seconde Guerre mondiale, aujourd'hui néoruraux quittant les villes pour retrouver dans ces terres austères, d'autres valeurs...

Les Cévennes, terres de liberté...

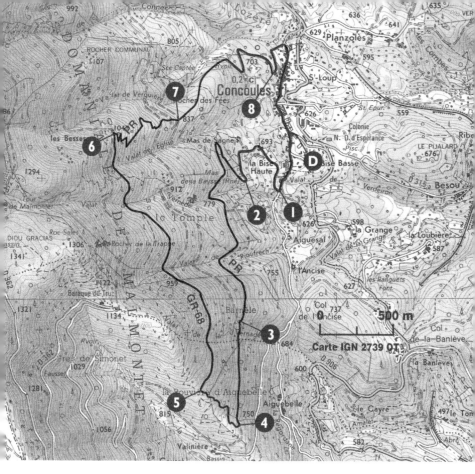

Les Tourbières

*A*u détour d'un virage, sur ce circuit, une pancarte : « la Sagne »… Sagnes, Sagnoles, Sagnelet autant de noms de lieux-dits qui indiquent la présence de tourbières. Reliques de l'époque glaciaire, elles naissent dans ces lieux où l'eau stagne prisonnière des arènes granitiques (sable de quartz résultant de la désagrégation du granite). Pendant plusieurs milliers d'années, elles vont évoluer lentement. Les sagnes (sphaignes, longues mousses sans enracinement) d'abord, puis certaines plantes et arbres vont peu à peu coloniser et assécher ces zones humides. Malheureusement car elles abritent une flore rare et protégée, comme la linaigrette, la populage des marais, la droséra, plante carnivore de nos contrées…

Droséra. *Dessin N.L.*

La Virado des Roncs

Sur l'abrupt oriental du Lozère, une balade sur les chemins d'autrefois. De la voie Régordane aux sentiers caladés, par les pistes forestières ayant favorisé le reboisement de ce versant jadis dénudé.

D Partir à gauche, sur la voie Regordane, en direction de Basse-Bise et Haute-Bise. Passer une fontaine et parcourir 50 m.

1 Prendre à droite une route en direction de La Sagne.

2 Aux ruines de La Baysse, monter à droite par la piste forestière dans la futaie de pins maritimes.

3 Au second virage en épingle, quitter la piste et partir tout droit par un petit sentier parsemé de boules de granite qui chemine à flanc de coteau sous un taillis de châtaigniers. Traverser une lande à genêts et parcourir 100 m.

4 Grimper à droite par une sente étroite qui serpente entre rochers et chênes pubescents.

5 Tourner à droite et suivre la piste forestière sur 1 km. A la patte d'oie suivante, partir à gauche.

▶ A l'intersection avec la ruisseau de la Vernède, station forestière riche de nombreuses essences : pins maritime et laricio, mélèze, sapin, hêtre, bouleau, alisier, frêne, chêne…

6 20 m avant l'intersection, descendre à droite par un sentier escarpé en lacets qui débouche sur une première piste forestière. Emprunter la piste à gauche sur quelques mètres, puis retrouver un chemin qui descend à droite. Faire 100 m, puis virer à gauche à la patte d'oie suivante (descente difficile dans un chemin défoncé, encombré d'arbres morts).

7 Traverser la piste forestière (ne pas prendre la piste à gauche) et descendre sur un chemin jonché de débris. Plus bas, à la patte d'oie suivante, aller à gauche. Passer à droite d'un « tor » granitique (*rancarèdes*) et retrouver plus bas, sous les pins maritimes, une petite route. Descendre à droite.

8 En rejoignant la route principale, prendre à droite pour regagner le parking.

---

3 h 30
9 Km
1 047 m
630 m

Situation Concoules, à 45 km au Nord d'Alès par la D 906

Parking derrière l'église

Balisage
D à **5** jaune
5 à **6** blanc-rouge
6 à **D** jaune

Ne pas oublier

À voir

En chemin

■ Concoules : passage de la voie Régordane, église romane 11e (clocher à peigne), vieilles maisons, fontaine, manoir des Molhes
■ Rocher des Fées

Dans la région

■ Tour de Malmontet
■ Belvédère des Bouzèdes
■ Château de Chambonnet
■ Plateau de la Croix de l'Hermite (pelouse d'altitude parsemée de tourbières)

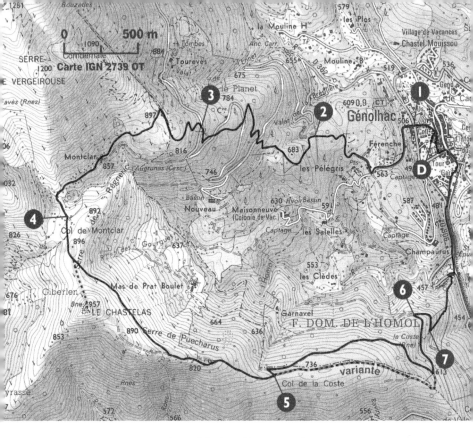

La Voie Regordane

*A*xe de circulation dès les temps celtes, ce chemin charretier reliait le pays de Nîmes à l'Auvergne. Les Romains, avec tout leur talent d'ingénieurs, l'aménagèrent ensuite pour des utilisations tant économiques que militaires. Pendant le Moyen Âge, pélerins et croisés parcourent le « camin Regourdan » jusqu'à Saint-Gilles, important lieu de pélerinage, et Aigues-Mortes, point d'embarquement pour les lieux saints. Au 19e siècle, il perdra son rôle pour le transport des marchandises (en longues caravanes de mulets) au profit du chemin de fer.

Depuis 1987, une association remet en valeur cet itinéraire par une action de développement culturel. Ce « chemin de la tolérance » part du Puy-en-Velay et conduit à Saint-Gilles-du-Gard, traversant le Velay, le Gévaudan, la bordure des Cévennes, la Gardonnenque et la région de Nîmes, pays où « les excès des intolérances ont forgé, dans le plus profond des terroirs, les principes sur lesquels les droits de l'homme vont se construire ».

Vestiges de la voie Régordane.
Photo F. de R.

La Coste

« Au flanc du Lozère, c'est à monter qu'on pense » disait Chabrol. Alors allez, des ruelles de Génolhac au col de Montclar entre châtaigniers et granites, pour voir ce qui se cache derrière la montagne…

Châtaignes. *Dessin N.L.*

4 h
10 Km

890 m
457 m

 Situation Génolhac, à 37 km au Nord d'Alès par la D 906

 Parking place de la Poste

Balisage jaune

D Prendre la rue Aimé Crégut jusqu'à la place des Ayres, puis monter à gauche la rue Timothée.

1 Traverser la D 906 vers Maisonneuve. A la première patte d'oie (châtaigniers), monter à droite par une petite route.

2 Poursuivre à gauche par un sentier caillouteux sous les pins, chênes et châtaigniers. La sente, par moment empierrée (*ancienne draille*), coupe quatre fois la route du Mas de la Barque.

3 Grimper au collet. Prendre le chemin de gauche qui passe devant une boule de granite. Passer devant la ferme en ruine de Montclar, continuer à droite et franchir un pont en granite sur l'Homol.

4 Au col, suivre la piste principale, en légère descente, qui passe sous le Chastellas. Continuer sur la piste et gagner une intersection en T.

5 Descendre la sente à gauche.

▶ Variante : monter tout droit.

Passer deux virages en épingle, puis laisser à gauche la ruine de La Coste.

6 Continuer à descendre à droite la piste forestière sur 250 m.

7 S'engager à gauche sur une sente qui dévale la pente. Traverser la route, puis la longer à droite sur 20 m. Prendre à gauche un sentier qui longe la voie ferrée (ne pas passer dessous). Poursuivre sur la D 906 (*prudence*). Passer par la gare et par l'ancienne voie Regordane pour rejoindre Génolhac.

Ne pas oublier

 À voir

 **En chemin**

■ Génolhac : passage de la voie Régordane ■ Ancienne draille ■ Ferme de Montclar ■ Pont en granite sur l'Homol ■ Ruines du château 13e du Chastellas

Dans la région

■ Chamborigaud : viaduc ■ Pont-du-Rastel : vieux village, pont romain, cimetière protestant ■ Château du Péras ■ Mas Chaptal : magnanerie restaurée ■ Le Coudoulous : ancienne voie romaine (traces de chars dans les schistes) ■ Haute-vallée de la Cèze

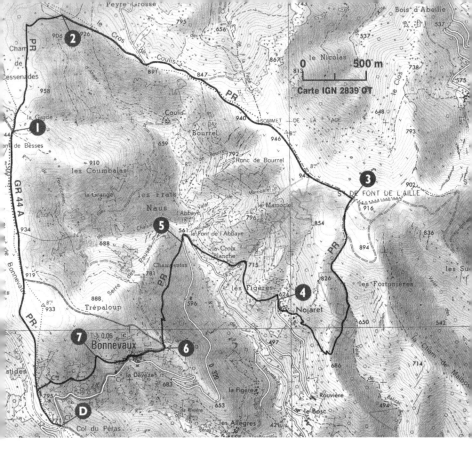

Le prieuré de Bonnevaux

A cent mètres au-dessus du pont de l'abbaye, on peut voir ce qui reste du prieuré de Bonnevaux, dont l'élément subsistant le plus remarquable est une grande cheminée dite « sarrasine ». L'occasion pour nous d'évoquer ces moines défricheurs du Moyen Âge, cisterciens ou bénédictins. Si on a un peu exagéré leur rôle en ce qui concerne l'implantation du châtaignier en Cévennes, il n'en est pas moins vrai qu'ils géraient leurs propriétés agricoles et « industrielles » (moulins et forges) de façon très efficace : la tête dans le ciel peut-être, mais les pieds bien sur terre !

Bonnevaux, l'église. *Photo F. de R.*

Les drailles perdues

5 h
16 Km

960 m
560 m

Situation Bonnevaux, à 50 km au Nord d'Alès par les D 904, D 51 et D 320

Aux confins du Gard, à partir du col du Péras, autour de la haute vallée de l'Abeau, une balade qui emprunte d'anciennes drailles sur des plateaux arides, battus par les vents, appelés chams.

 Parking col du Péras (1 km avant Bonnevaux)

 Balisage jaune

Ⓓ Traverser la D 320 et emprunter la draille qui monte sur la cham de Bonnevaux. Poursuivre tout droit sur le plateau.

❶ A la croix sur abri de pierre (Garde de Dieu), prendre à droite un sentier qui s'enfonce en sous-bois.

⚠ **Difficulté particulière**

■ attention en période de chasse et de vent ; descente délicate entre **❹** et **❺**

❷ A l'intersection avec une piste forestière, continuer sur la droite. Traverser une esplanade (926 m) et poursuivre tout droit sur le versant Nord du Cros de Coulis. Gagner une seconde esplanade (847 m).

▶ Variante (*plus courte d'une heure*) : de l'esplanade, suivre un petit sentier qui part à droite dans les genêts.

Ne pas oublier

Passer l'esplanade et monter en face droit vers le sommet de la Fage. Franchir une barrière et longer une plantation de cèdres.

❸ Descendre à droite pour rejoindre le fond du Valat de Balizac sur 1 km (*descente délicate ; prudence*). Laisser le fond du ruisseau pour prendre à droite une sente plus visible. Elle franchit une crête, puis se dirige après deux virages en épingle vers Nojaret.

 **À voir**

 **En chemin**

■ Tumulus autour du Cros de Coulis ■ Ancienne abbaye 11e ■ Nojaret : rue médiévale, four à pain, chemin dallé ■ Bonnevaux : église 12e (clocher à peigne)

❹ Traverser Nojaret (*eau*), descendre la route. Dans l'épingle, prendre la calade (*parfois dallée*). Franchir le ruisseau des Sagnes et, après la ruine d'une clède, descendre à gauche pour rejoindre la D 320. La suivre à droite, passer le pont de l'Abbaye et continuer sur 150 m.

❺ Prendre à droite un sentier qui grimpe sur le versant.

❻ Descendre par la petite route qui traverse Bonnevaux. Peu après la buvette, prendre à droite, près d'une fontaine, un sentier qui monte en pente douce.

Dans la région

■ Forêt de hêtres du Mas de l'Ayre ■ Châteaux du Cheylard et de Brésis ■ Malons-et-Elze : église romane ■ Aujac : village pittoresque

❼ Traverser la piste et suivre le sentier GR® 44A pour regagner le col du Péras.

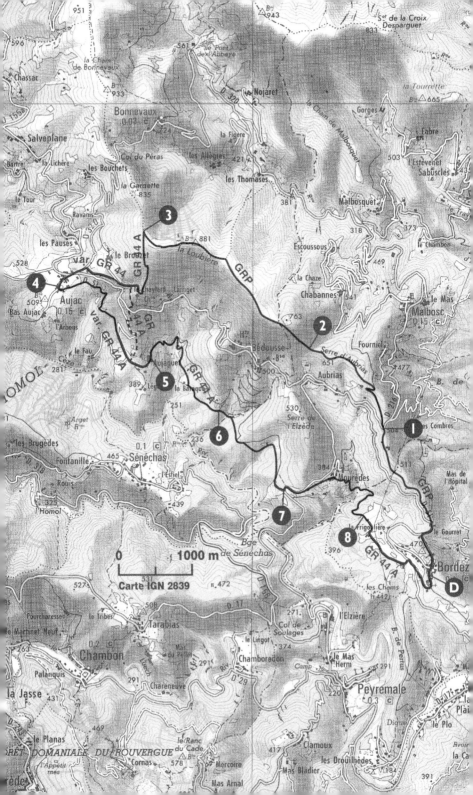

La crête d'Aujac

Il faut partir tôt le matin pour effectuer ce long circuit qui court sur l'ancienne draille des crêtes de la Loubière avant d'emprunter une vieille voie romaine cachée dans la fûtaie de pins.

8 h
22 Km

881 m
290 m

Situation Bordezac, à 39 km au Nord d'Alès par les D 904 et D 51

 Parking mairie

 Balisage
D à ❸ jaune-rouge
❸ à D blanc-rouge

 Difficultés particulières

■ éviter la chaleur de l'été et la période de chasse ■ descente difficile entre ❸ et ❹

Ne pas oublier

D Prendre la D 314. Passer devant l'église. Au carrefour, suivre la D 51 à droite. Après la dernière maison du Gouret, monter le bon chemin à droite sous les pins.

❶ Traverser la D 216 et monter à gauche des maisons de La Fermigère par une bonne piste. Passer un virage en épingle bien marqué, puis grimper à gauche dans le virage suivant.

❷ Au col (617 m), laisser à droite une bonne piste et monter tout droit vers la Loubière.

❸ Ne pas aller à droite mais tout droit (descente), puis à gauche par la piste forestière sur 20 m. Prendre la sente à droite qui dévale la pente (*possibilité de visiter le château du Cheylard*).

▶ Possibilité de variante en rejoignant directement Auja-guet par le GR® 44A *(voir tracé en tirets sur carte)*.

Tourner à droite sur la route, passer deux virages en épingle, puis suivre la D 320 à gauche pour rejoindre Aujac *(eau)*.

❹ Avant l'église, prendre à gauche pour rejoindre une voie antique *(assise romaine)*. Descendre la route à droite jusqu'à Aujaguet.

❺ Passer dans le hameau et descendre vers la gauche. Après un gué, prendre à droite un chemin qui, au départ, longe le ruisseau en balcon.

❻ Dans un virage, quitter la route pour prendre un chemin qui va traverser une petite combe et continuer jusqu'à la route.

❼ Monter la route à gauche sur 250 m, puis bifurquer à droite. Aux premières maisons des Mourèdes, descendre à droite. Continuer à descendre pour passer sur le pont de la Doue. A la bifurcation suivante, aller à droite pour monter au mas du Lauzas.

❽ Suivre la route. Au carrefour, suivre la D 51 à droite sur 150 m, puis monter à gauche pour regagner Bordezac.

 À voir

En chemin

■ Bordezac : village perché, dolmen ■ Château du Chaylard ■ Aujac : église romane 10e (clocher à peigne) ■ Aujaguet : hameau pittoresque

Dans la région

■ Château de Brésis
■ Sénéchas : tour à signaux d'Olivon, menhir, petit pont empierré au fond des gorges de la Cèze
■ Peyremale : église carolingienne 11e
■ Cascade du Tourrel
■ Gorges de l'Homol et forêt domaniale

Les châteaux forts

Dans cet extrême nord du département du Gard, entre Ardèche et Lozère, s'élevèrent au Moyen Age de nombreux châteaux forts, dont la plupart ont aujourd'hui disparu.

Certains de ces châteaux sont parvenus jusqu'à nous en très bon état, comme le château du Chambonnet, entre Génolhac et Villefort, à l'est du massif du Lozère. Certains autres ont échappé de peu à une perte totale, comme le château de Brésis, dans la haute vallée de la Cèze, ou le château de Portes. Celui-ci, occupé jusqu'en 1929, a failli s'écrouler à cause des galeries creusées dans son sous-sol pour l'exploitation charbonnière. Une association, Renaissance du château de Portes, a entrepris la restauration et réussi à sauvegarder les bâtiments : l'éperon du château, dont la forme rappelle de façon étonnante l'étrave d'un cuirassé devrait continuer longtemps à « commander » la voie Régordane. Le château de Brésis, fief de la famille Hérail dès le Moyen Âge, tomba en ruines après la Révolution et fut pillé au 20e siècle par un antiquaire, avant d'être racheté en 1963 par un descendant des anciens propriétaires, le vicomte Hérail du Brésis. Une convention a été passée avec l'association qui restaure déjà le château du Cheylard, et se charge de la restauration et de l'accueil des visiteurs.

Le château du Cheylard est situé sur la route de Villefort à Bessèges dans la haute vallée de la Cèze, à proximité du village d'Aujac, où se dresse une remarquable église romane surmontée d'un clocher à peigne, avec un cimetière sur le côté. Le château du Cheylard a toujours été habité, ce qui explique son exceptionnel état de conservation. Sa dernière habitante est d'ailleurs à l'origine de la création de l'Association de recherches et de restauration du château d'Aujac (ARRCA), qui non seulement dirige la restauration, mais assure aussi la recherche archivistique et historique. Des milliers de documents concernant les châteaux du Brésis et d'Aujac, sur parchemins pour les plus anciens, ont en effet échappé au feu auquel les vouait leur propriétaire ! Les membres de l'ARRCA font visiter le château, et leurs commentaires, jamais ennuyeux mais néanmoins très solides sur le contenu, battent en brèche nombre d'idées reçues : saviez-vous que les défenseurs du château jetaient sur les assaillants beaucoup de choses, mais pas d'huile bouillante, beaucoup trop coûteuse ? Ou encore que les habitants du château étaient beaucoup plus propres qu'on ne l'imagine, utilisant même un système de latrines dont la simplicité n'avait d'équivalent que l'efficacité ?

« L'été aux visiteurs, l'hiver aux chercheurs », tel est le slogan de l'ARRCA. Pour notre plus grand plaisir, a-t-on envie d'ajouter.

Château de Brésis. *Photo G.B.*

Alouettes et busards des landes

Au sortir de la forêt du Mas-de-l'Ayre, au-dessus de Bonnevaux, on trouve un paysage surprenant dans ces Cévennes schisteuses si boisées : des landes de montagnes couvertes de graminées et de bruyères.
Avril, mai, l'aube pointe et déjà inlassablement là-haut l'alouette grisolle : la plaine se réveille. Survolant sans relâche prés et landes, à faible hauteur, un rapace gris et noir, ailes relevés en V. Une brusque pirouette interrompt son parcours, aussitôt stoppé : toutes les alouettes se sont enlevées, aucun oiseau blessé ou affaibli qui ne se soit laissé surprendre. Combien d'essais, combien d'échecs, avant enfin la capture qui assure la survie ? Là-bas, derrière la haie, un oiseau gris dans la grisaille, le busard Saint-Martin poursuit sa quête obstinée.

Busard Saint-Martin. *Dessin P.R.*

Les drailles

De grands axes de circulation des troupeaux, les drailles, permettent aux moutons de monter en estive à la fin du printemps et d'en redescendre à l'automne quand les grandes pluies font reverdir les plaines. Ces drailles sont des axes de circulation immémoriaux, jalonnés de dolmens et de menhirs, de tombes à coffres et de roches à cupules qui montrent leur utilisation depuis les temps préhistoriques.
Mais c'est au Moyen Age que la transhumance atteint son plein développement avec l'action des moines des grandes abbayes, qui installent leurs établissements religieux tout au long des drailles, étapes commodes et points de départ pour l'évangélisation des montagnes.
Les riverains des drailles profitaient de l'engrais naturel et abondant déposé par les troupeaux au cours des « nuits de fumature ». Les seigneurs, eux, profitaient des nombreux impôts et droits de passage établis pour la traversée de leurs terres : nous n'avons rien inventé avec nos péages autoroutiers !
La grande draille du Languedoc, qui vit passer des centaines de milliers de moutons jusqu'à la dernière guerre, n'est utilisée maintenant que par quatre ou cinq troupeaux, qui n'arrivent même plus à nettoyer les brousses qui l'envahissent. Mais quel spectacle de les voir passer en parure de fête, avec leurs pompons et leurs rosettes colorés, dans le tintamarre de leurs sonnailles !

Les landes de Bonnevaux. *Photo G.B.*

Sur les traces de Rémi

Rescapé de la plus terrible catastrophe minière des Cévennes (le 11-10-1861, à la Lalle, périrent 105 « gueules noires » sur 139 !), c'est à Bessèges que grandit Rémi, le jeune héros de « Sans famille », le roman d'Hector Malot. Bessèges sœur jumelle de la Grand-Combe, née quelques années plus tard mais comme elle de l'exploitation de la « pierre qui brûle », le charbon.

L'arrivée du train (déjà en 1840, le Gard possède la plus longue voie ferrée de France : 88 km, entre Alès et Beaucaire !), et surtout la création du pôle sidérurgique, en rive droite de la Cèze, des forges de « Terre noire », vont permettre à Bessèges de tripler sa population entre 1857 et 1900,

Ancien viaduc ferroviaire minier. *Photo F. de R.*

pour atteindre 12 000 habitants.

Mais en 1946, l'exploitation du charbon cesse et Bessèges perd la moitié de sa population. La reconversion s'annonce ici aussi difficile qu'ailleurs.

Le Ronc-Rouge

Au cœur du pays minier, une balade, entre pins et châtaigniers, agrémentée de nombreuses surprises comme le belvédère du Ronc-Rouge, qui doit son nom à la couleur marron-rouge de sa terre.

D Prendre au Nord la rue Gambetta sur 100 m. Emprunter à gauche la rue L.-Barry et monter aux écoles.

1 Au-dessus de l'école, suivre la route à gauche. Avant la centrale électrique, emprunter un sentier à droite.

2 Plus loin, dans une épingle, descendre à gauche. Après le ruisseau, grimper à droite par une sente étroite assez raide (*à droite, possibilité de découvrir une des premières galeries d'exploitation minière*). Continuer à gauche, dépasser la ligne à haute tension. Poursuivre sur une piste (*une sente permet de découvrir un dolmen*).

3 Quitter la piste dans l'épingle et grimper à gauche à travers les ruines d'une habitation. S'enfoncer dans une châtaigneraie (*bien suivre le balisage*) et arriver au Ronc-Rouge.

4 Le circuit change de versant. Franchir une murette et s'engager à droite sur une sente étroite à travers des rochers, au cœur d'une forêt de chênes qui abrite une « capitelle ». Continuer en surplombant Rochessadoule (*la grotte des Fées, accrochée au flanc de la montagne, se trouve légèrement en contrebas*).

5 Quitter la piste à gauche pour grimper sous les châtaigniers vers la cloche Saint-Laurent, puis la chapelle du même nom. Redescendre et reprendre la piste en face.

6 Obliquer à droite sur la large piste jusqu'au grand virage cernant une pinède. Monter à gauche et dépasser un réservoir.

7 Descendre à droite par un sentier dans les pins (*galerie*). Le chemin serpente dans un sous-bois riche en fougères (*bien suivre le balisage*), suit les murets d'anciennes terrasses, retrouve des maisons et rejoint la route. Gagner La Cantonnade.

1 Prendre l'itinéraire de montée, regagner la place de la Mairie.

Situation Bessèges, à 30 km au Nord d'Alès par les D 904 et D 51

Parking place de la Mairie

Balisage

D à **1** blanc-rouge
1 à **6** jaune
6 à **1** blanc-rouge

Difficulté particulière

■ attention aux jours de chasse

ne pas oublier

À voir

En chemin

■ Galerie de mine
■ Dolmen ■ Capitelle
■ Grotte des Fées
■ Chapelle Saint-Laurent

Dans la région

■ Château féodal de Castillon ■ Peyremale : église carolingienne 11e
■ Gorges du Luech ■ Vallée de la Gagnière ■ Hameaux médiévaux de La Rivière et du Village

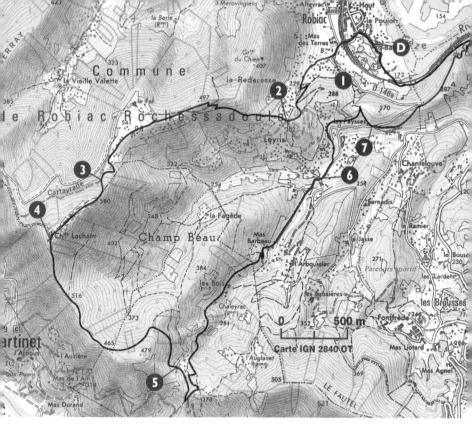

De beaux insectes !

Serre de Lacham : sur les landes surchauffées une grande libellule se pose, face au vent, sur des graminées. Elle volète lentement. C'est le sympétrum du Piedmont, rare en France, facilement reconnaissable aux grandes barres brunes qui traversent ses ailes (voir aquarelle). Plus bas, dans le Valat, endémique aux régions côtières méditerranéennes (jusqu'à 1 000 m), le pacha à deux queues, méfiant, s'envole souvent. De grandes ailes sombres, ornées de deux petites queues et bordées d'une grande bande marginale fauve rougeâtre, ce papillon est inféodé à une éricacée, l'arbousier.

« L'arbre aux fraises », qui présente la particularité de porter en même temps fleurs et fruits, accueille la chenille de notre papillon. Tant et si bien que leurs répartitions se superposent parfaitement…

Sympétrum du Piémont et Pacha à deux queues. *Dessin N. G.*

La chapelle Lacham

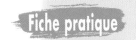 **Fiche pratique** 6

Il faut partir tôt en été pour emprunter ce sentier dégagé, fait de pierres, bordé de thym, de buis, de chênes kermès qui conduit à la chapelle Lacham et découvrir le pays minier…

D Monter vers Robiac et prendre la D 146a à gauche vers Les Bois. Enjamber la voie ferrée et continuer sur la gauche.

① Dans le virage de la route, partir à droite, traverser l'esplanade et emprunter le sentier qui monte tout doucement. Emprunter la piste à droite sur 10 m, puis, dans le virage bétonné, bifurquer sur le sentier qui part à droite. Il regagne la piste.

② Monter à droite un sentier. Il grimpe dans une garrigue basse à chênes kermès. Passer trois virages en épingle et déboucher sur une lande. Marcher sous un vieux châtaignier, franchir une barrière chaînée et s'engager dans un sous-bois de chênes pubescents.

③ Monter à gauche en direction de la chapelle.

④ Passer devant la chapelle et descendre à droite de la dalle bétonnée (*descente délicate; prudence*). Le sentier s'élargit en piste. Descendre à gauche aux deux intersections suivantes.

⑤ Après une croix blanche, faire 150 m, puis prendre à gauche, sous un bosquet de pins, une bonne piste forestière qui descend doucement. Après le mas Barbeau, la piste est goudronnée.

⑥ Tourner à gauche au croisement. Faire 200 m, puis monter à gauche par un sentier. Prendre la route à gauche. Dans le virage en épingle suivant, partir à droite sur un sentier en contrebas des maisons. Ne pas franchir le col et rester sur la droite.

⑦ Traverser la route et prendre à gauche. Environ 15 m après, prendre à droite sous une ligne électrique, une sente qui monte tout doucement, puis dévale sous les châtaigniers (*prudence*). Tourner à gauche sur un sentier plus large pour revenir à Robiac.

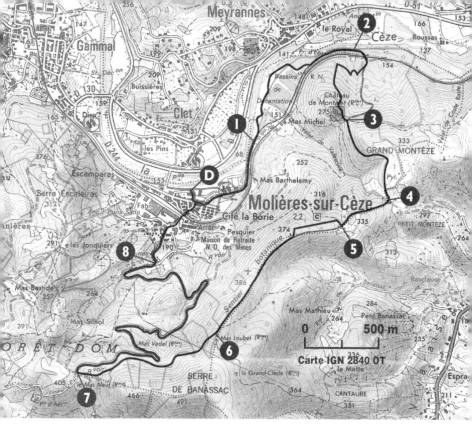

Le sentier botanique de Montalet

Sentier en sous-bois. *Photo G.B.*

*U*n circuit qui emprunte dans son intégralité un sentier botanique est chose assez rare pour mériter ces quelques lignes. En toute saison il est possible au promeneur de se familiariser avec les plantes les plus typiques des milieux traversés (certains végétaux sont étiquetés en groupe constituant des haltes botaniques). Des sols de nature et d'exposition différentes permettent d'inventorier une flore très diverse. Au bord de l'eau, la ripisylve et son cortège de plantes jaunes et roses (onagres, impatientes, saponaires…) Dans le sous-bois qui monte au château, quatre sortes de bruyères dont deux de couleur blanche fleurissent au printemps, les bruyères à balai et arborescentes; vers le Grand-Montèze dans la callune, les fleurs fragiles de la scille d'automne, au mas Loubet deux cèdres du Liban…

Le château de Montalet

Situation Molières-sur-Cèze, à 24 km au Nord d'Alès par les D 904 et D 51

A l'assaut d'un des plus vastes châteaux cévenols, une balade familiale qui emprunte un sentier botanique, longe et surplombe la Cèze sur les premiers contreforts des Cévennes schisteuses.

 Parking place de la mairie

⬤ Traverser la grande place en terre de la cité minière et prendre à gauche une piste carrossable entre une haie de cyprès et un transformateur. Passer en contrebas de la voie ferrée.

Balisage jaune

❶ A la patte d'oie, se diriger à gauche vers le bassin de décantation, le contourner. Emprunter la sente qui rejoint la voie férrée et qui se rapproche de la Cèze.

❷ Quitter le bord de la rivière par un sentier qui monte à droite sur 100 m. Passer sous la voie ferrée, puis grimper au château (*bien suivre le balisage*) dans un sous-bois de chênes verts.

Ne pas oublier

❸ Laisser le château sur la droite, traverser la clairière (*table et bancs*) et continuer à monter par un sentier tracé sur des affleurements rocheux.

❹ Au croisement avec une piste carrossable, continuer à monter à droite. Suivre la piste. Descendre franchement, puis monter à mi-hauteur.

 En chemin

❺ Quitter la piste sous les pins maritimes pour s'engager à droite sur un petit sentier qui enjambe un petit escarpement rocheux, serpente sous les pins et les châtaigniers. Retrouver la piste 350 m plus loin.

■ Bords de la Cèze (baignade) ■ Sentier géologique ■ Château de Montalet 11e-12e ■ Terril du mas Vedel ■ Vues panoramiques

❻ Dans un virage, au lieu-dit mas Loubet, sous un grand cèdre, quitter la piste et bifurquer à droite sur un sentier. Il longe un mur de soutien en grès d'une ancienne terrasse, puis court à mi-pente, dans une riche fûtaie mixte relativement fraîche et humide. Au croisement avec une piste, partir à droite sur 100 m, puis déboucher sur une grande esplanade en terre.

 Dans la région

❼ Passer devant la citerne DFCI et prendre la première piste à droite qui descend en lacets dans la vallée.

■ Saint-Ambroix : fortifications, tour Gisquet, tombe celte ■ Site archéologique du Dugas ■ Source de Fontfrède ■ Chapelle romane de Meyrannes ■ Moulin du Roc-Tombé ■ Grotte de la Cocalière ■ Les Mages : musée de statues d'enfants (Larnac)

❽ A la chapelle, descendre à gauche la route qui entre dans Molières. Passer deux fois dans des tunnels, puis suivre les ruelles qui ramènent au parking.

La mémoire de la mine

On a souvent dit qu'Alès, comme Rome ou Nîmes, était construite sur sept collines : c'est pourtant une huitième colline, le terril ou « crassier » au-dessus du faubourg de Rochebelle qui nous paraît la plus symbolique de cette ville dont toute l'activité tournait autrefois autour de la mine. La mine, c'est en effet deux siècles de la mémoire d'Alès. Deux siècles de labeur, de drames, d'épopée et de solidarité. Deux siècles que retrace la mine témoin, établie dans l'ancienne mine-école des apprentis-mineurs, où cinq « tailles » montrent l'évolution des techniques et du travail du mineur tout au long de 650 mètres de galeries. Et le fait que ce soit un ancien mineur qui guide la visite, permet de comprendre com-

Mineur dans le soutainement marchant, mine témoin d'Alès. *Photo B.D.*

ment cette activité a priori ingrate du mineur de fond a pu créer chez le mineur une telle fierté, une telle passion pour son travail, en un mot une telle culture de la mine.

La source de Carabiol

 **Fiche pratique** 8

 5 h • 15 Km

 427 m / 182 m

Entre les ruines d'hier (abbaye des Fonts, mine de la Minette) et les villas d'aujourd'hui, il reste, aux portes d'Alès, une balade agréable dans une garrigue colorée, riche et variée, aux parfums subtils.

ⅅ Prendre à droite après le ru sur 20 m, puis à gauche entre deux villas et parcourir 200 m. Monter à gauche entre les villas.

❶ Descendre à gauche. Laisser trois villas à main droite, bifurquer à droite entre deux villas. A la sortie du chemin, prendre la rue en face.

❷ Tourner à droite avenue des Mimosas, virer à gauche sur le chemin des Fonts. Après l'ancienne abbaye, partir à droite vers La Roque. Dans le virage en épingle, quitter la route et prendre le chemin de la Minette.

❸ Après les ruines, face à l'ancienne esplanade, monter à gauche un sentier escarpé. A la première intersection, grimper à droite à la crête. Le sentier descend à Arbousse.

❹ A la route, partir à droite sur 50 m, puis à gauche pour traverser le hameau et rejoindre la route. Monter à droite par un bon chemin. A la première intersection, descendre à gauche et, à la seconde, suivre le sentier à droite. Passer sous la ligne à haute tension.

❺ Descendre à gauche, traverser un gué et monter par un sentier qui se rétrécit et repasse sous la ligne. Au col, descendre à droite par une piste, goudronnée peu après.

❻ Traverser La Gardie (*eau*). Dans un virage, aller tout droit sur 50 m. Face à la dernière maison, tourner à droite sur un sentier herbeux, puis caillouteux. Négliger les intersections et rester sur le sentier principal (*bien suivre le balisage*).

❼ Avant la ferme de Bouzarit, quitter le chemin et suivre à gauche une sente étroite qui s'élargit à l'intersection suivante. Traverser le parcours de santé et, au fond du vallon, tourner à gauche vers la source de Carabiol. Sortir du site et revenir au parking.

Situation Saint-Julien-les-Rosiers, à 9 km au Nord d'Alès par la D 904

 Parking esplanade de la source de Carabiol

 Balisage
ⅅ à ❻ jaune
❻ à ⅅ blanc-rouge

 Difficulté particulière

■ éviter la chaleur de l'été et la période des battues au sanglier

Ne pas oublier

 **À voir**

🌳 **En chemin**

■ Aire de repos et de détente de la source de Carabiol ■ Caussonille ■ abbaye des Fonts 13e ■ Ancienne mine de bauxite de la Minette ■ Arbousse ■ Ferme fortifiée à La Gardie

Dans la région

■ Alès : mine-témoin, cathédrale Saint-Jean, fort Vauban, musées ■ Châteaux de Rousson et de Trouillas ■ Château et chapelle de La Tour ■ Oppidum de l'Ermitage ■ Ruines de l'ancienne ferme du château du Sauvage ■ Abbaye et éco-musée de Cendras

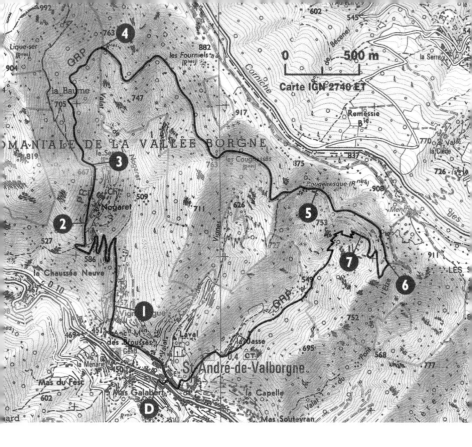

La châtaigneraie

Nous ne voyons plus aujourd'hui que des lambeaux de la châtaigneraie cévenole, souvent étouffés par le pin maritime ou par le chêne vert. Or depuis plusieurs siècles, c'était pratiquement une monoculture (80 % du territoire agricole dans certaines communes), assurant la nourriture de tous les jours pour les hommes comme pour

les animaux. Les variétés étaient nombreuses (plus d'une centaine), chacune adaptée au terroir. Point besoin d'ingénieurs agricoles ou de chercheurs pour déterminer les meilleures variétés : la mémoire et l'observation paysannes séculaires permettaient de greffer telle ou telle variété en fonction des contraintes du lieu, de leur précocité, mais aussi des qualités gustatives. Certaines châtaignes ou marrons se vendaient en effet fraîches, certaines variétés meilleures à rôties à la poêle, d'autres bouillies. D'autres enfin étaient séchées dans les « clèdes » afin de pouvoir les conserver jusqu'à la récolte suivante.

Châtaignes dans leur «pelous», à l'automne.
Photo CDT 30.

L'escale

Faire escale sur les traces des habitants d'autrefois, en arpentant cette calade, qui serpente dans des valats sauvages et abrupts : château, ancienne magnanerie et menhir seront au rendez-vous.

3 h 30
10 Km
870 m
445 m

Situation Saint-André-de-Valborgne, à 25 km à l'Ouest de Saint-Jean-du-Gard par la D 907

 Parking D 907 (200 m après l'office du tourisme)

 Balisage

Ⓓ à ❸ jaune (icône belette)
❸ à Ⓓ jaune-rouge

 Difficultés particulières

■ éviter les jours de chasse
■ gué sur le ruisseau de Nogaret ■ passages délicats entre ❼ et Ⓓ

Ⓓ Revenir sur le quai et franchir l'ancien pont. Tourner à gauche et emprunter une petite route (*prudence*) qui pénètre plus loin dans la vallée de Nogaret.

Chevrette. *Dessin P.R.*

 Ne pas oublier

❶ A la patte d'oie, continuer de monter à gauche. Plus loin, la route se transforme en piste carrossable.

❷ A l'intersection avec le chemin qui mène au château de Nogaret, monter à gauche par un sentier escarpé.

❸ Au grand châtaignier, descendre de quelques mètres et bifurquer à gauche après l'angle du bassin.

❹ Juste après la cascade, la sente se transforme en calade, large piste qui suit les courbes de niveaux et serpente autour du valat parsemé de nombreuses ruines.

▶ En été, possibilité de voir, planant, de nombreuses buses variables en vol stationnaire.

Passer les ruines de Rougeiresque et gagner une patte d'oie.

❺ Continuer de monter à gauche.

❻ A l'intersection en T, prendre à droite sur la crête et parcourir 500 m.

❼ Quitter la piste pour descendre franchement à gauche sur une sente en épingles (*passage délicats sur les dalles de schistes, prudence*). Passer derrière le hameau de La Jasse. Au village, aller derrière le temple pour regagner les quais et le départ.

À voir

 En chemin

■ Saint-André-de-Valborgne : maison forte, église romane 11e, calade, magnanerie (dans le vallon de Rougeiresque), pont 11e, tour de l'Horloge ■ Menhir à cupules sur la crête

Dans la région

■ Ruines du château de la Fare, de Ginestou, de Poujoul ■ Château de l'Hon : ruines, chapelle ■ Maison forestière d'Aire de Côte et son sentier botanique ■ Hameau du Follaquier : tour-donjon (vestige d'un ancien château 13e)

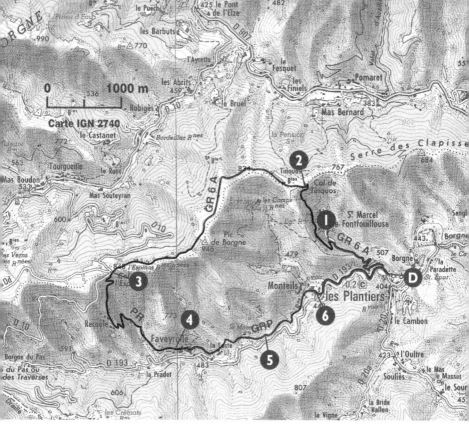

Fontfouillouse

C'est au détour d'une clairière, cachée par des châtaigniers séculaires qu'apparaît l'église de Saint-Marcel-de-Fontfouillouse.

Construite en pierres de schiste rouge (architecture typique de la région), cet ancien prieuré roman aurait été édifié au 11e siècle par des moines bénédictins défricheurs. Avec les guerres de Religion, dans cette vallée convertie à la Réforme, les services religieux cessèrent vers 1574. En septembre 1703, les Camisards brûlèrent l'église.

Abandonnée depuis plus de trois cents ans, elle servait encore récemment de bergerie. Heureu-sement, depuis 1973, une association en-treprend sa restauration. Notons au-dessus du porche, la trace d'un cadran solaire circulaire visible, et sur la façade nord, deux têtes de rapaces.

Détail de la façade de l'église de Saint-Marcel-de-Fontfouillouse. *Photo F.de R.*

Saint-Marcel-de-Fontfouillouse  Fiche pratique 10

Grand corbeau. *Dessin P.R.*

Après avoir dépassé, à moitié cachée dans la végétation, l'abbaye, quel plaisir de cheminer sur cette crête, entre châtaigniers et landes, puis de plonger dans ce valat hérissé de dalles schisteuses.

4 h 30
13 Km

910 m
403 m

Situation Les Plantiers, à 20 km à l'Ouest de Saint-Jean-du-Gard par les D 907 et D 20

🅿 **Parking** entrée du village

 Balisage
- **D** à **3** blanc-rouge
- **3** à **4** jaune
- **4** à **6** jaune-rouge
- **6** à **D** jaune

⚠ **Difficultés particulières**
- éviter les jours de chasse
- gué entre **3** et **4**

Ne pas oublier

D Suivre la route vers Faveyrolle. Après le vieux pont, monter par une petite route étroite en épingle.

1 Avant d'amorcer la descente sur Saint-Marcel, prendre à gauche, dans une épingle, la piste qui monte au col de Tinquos, en passant devant l'abbaye romane de Saint-Marcel-de-Fontfouillouse en cours de restauration.

2 Au col, prendre le bon chemin de gauche qui serpente sur le versant Nord du serre, entre landes et châtaigniers. Passer devant deux bergeries en ruines et continuer tout droit.

▶ Possibilité d'observation du grand corbeau qui glisse, les ailes rigides, d'un versant à l'autre de la crête.

3 Au col de l'Espinas, sous le frêne, enjamber le grillage de pacage et descendre à gauche par une petite sente (visible en contrebas sur la droite). Laisser Recoule, hameau abandonné, à droite. Dépasser des granges en ruine, franchir le gué du ruisseau de Recoule, puis sauter une cascade.

4 Traverser les deux hameaux de Faveyrolle *(eau)*. Laisser sur la gauche une route et parcourir 100 m. Dans l'épingle de la route, tourner à gauche sur une piste en direction du hameau visible un peu plus haut.

5 Après le valat du Devesset, le sentier passe sous Le Mazel (restauré), serpente, monte et descend, puis franchit l'éperon qui domine un méandre de la Borgne en contrebas.

6 Arriver à Monteils *(eau)*, rejoindre la D 193. La suivre sur 1,3 km pour regagner Les Plantiers.

 À voir

🌸 **En chemin**
- Les Plantiers : très vieux tilleul, château 15e, temple
- Abbaye de Saint-Marcel-de-Fontfouillouse 12e
- Panorama du pic de Borgne et du col de l'Espinas
- Recoule ■ Faveyrolle
- Monteils : vieux pont, tour 15e

Dans la région
- Col du Pas (monument à la Résistance) ■ Pont-aqueduc à quatre arches du Caylou
- L'Estréchure : verger-conservatoire, château de l'Hom

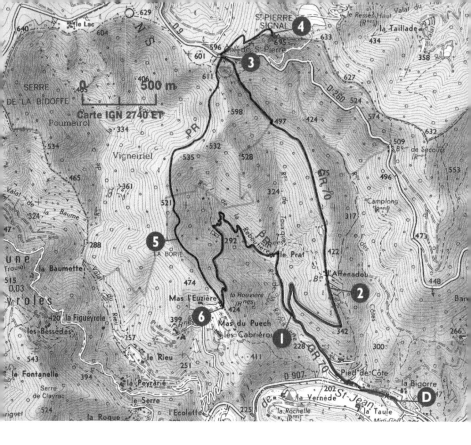

Le maquis cévenol

Les Cévennes du Gard et de la Lozère, terres de refuge, furent pendant la guerre de 1939-1945 le lieu d'élection de plusieurs maquis. Alimentés essentiellement par ceux qui refusaient de partir pour le STO (Service du travail obligatoire), ils menèrent de nombreuses actions, et quelques batailles importantes, comme à Hures-la-Parade en Haute-Lozère, ou à la Madeleine près de Tornac. Mais le plus émouvant de ces maquis cévenols est celui qui offre la particularité d'avoir été presque entièrement composé d'antifascistes allemands et autrichiens. Une stèle à leur mémoire a été récemment inaugurée au col de Saint-Roman-de-Tousques en Lozère, sur la corniche des Cévennes, quelques kilomètres après le col de Saint-Pierre.

Corniche des Cévennes. *Photo F. de R.*

Signal Saint-Pierre

Sur les traces de Stevenson et de Modestine son ânesse, un circuit qui emprunte une ancienne draille et offre en récompense un des plus beaux panoramas sur les Cévennes de part et d'autres du Signal.

695 m
205 m

Situation Pied-de-Côte, à 4 km à l'Ouest de Saint-Jean-du-Gard par la D 907

🅿 **Parking** D 907

🅓 Quitter la D 907, traverser Pied-de-Côte (*dont le nom rappelle que le chemin s'élevait de cet endroit pour gagner la crête*) et suivre la route.

❶ Au premier embranchement, continuer de monter à droite sur la route.

❷ A L'Affenadou, laisser à droite la bâtisse principale et monter vers la clède. La dépasser sur la droite. Continuer par ce chemin (*ancienne draille*) qui se transforme plus haut en sentier.

❸ A la D 260 (*prudence, route très fréquentée*), partir à gauche. Franchir le col, parcourir 50 m, puis grimper à droite pour atteindre le signal Saint-Pierre (plusieurs sentiers possibles plus ou moins difficiles, table d'orientation).

❹ Revenir au col. A la route, prendre à gauche, passer devant la borne royale (*limite entre les départements du Gard et de la Lozère*) et, 20 m plus loin, bifurquer à droite sur les rochers. Descendre par un sentier escarpé dans la garrigue à chênes verts.

❺ Continuer sur une piste plus large. Laisser la première intersection rencontrée sur la gauche et poursuivre tout droit. Laisser sur la droite une piste et continuer tout droit jusqu'aux ruines de La Rouvière.

❻ Descendre à gauche sur une piste en lacets. A la patte d'oie suivante, continuer à descendre sur la droite. Contourner le hameau du Prat et longer le ruisseau de la Rancassette.

❶ Regagner Pied-de-Côte et le point de départ.

Nombrils de Vénus. *Dessin N.L.*

 Balisage

🅓 à ❸ blanc-rouge
❸ à ❶ jaune
❶ à 🅓 blanc-rouge

 Difficultés particulières

■ éviter la période des fortes chaleurs et les lendemains de pluies (schistes glissants entre ❸ et ❺)
■ gué entre ❻ et ❶

Ne pas oublier

 A voir

En chemin

■ Pied-de-Côte : fenêtres à meneaux (façades dignes d'une riche ville-étape)
■ Flore remarquable autour du ruisseau de la Reboutière (Nombril de Vénus, par exemple) ■ Tables d'interprétation du paysage au col St-Pierre

 **Dans la région**

■ Musée des Vallées cévenoles ■ Filature de la Maison Rouge ■ Maison d'Abraham Mazel à Falguière

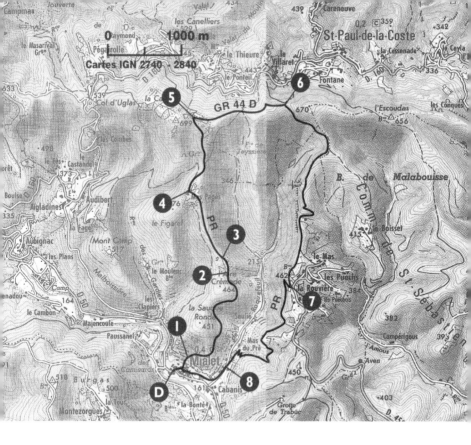

Le Désert

Le Mas Soubeyran, hameau de la commune de Mialet où est né Rolland, l'un des plus célèbres chefs camisards, abrite l'admirable musée du Désert. Mais de quel désert s'agit-il donc? Il y a là une allusion à un épisode de l'ancien testament : de même que les Hébreux pour fuir Pharaon se réfugièrent dans le désert, les Protestants, après l'interdiction de leur religion par Louis XIV, continuèrent à professer leur foi clandestinement dans ce qu'ils appelaient les assemblées du désert. Choisissant les endroits les plus reculés, souvent sur des hauteurs pour voir venir les soldats, ou bien la nuit pour être moins facilement repérés, les Protestants prévenus par le bouche à oreille continuèrent ainsi à pratiquer leur religion, malgré les risques encourus : emprisonnement, galères ou amendes pour les participants, la mort pour les prédicants ou les pasteurs.

Musée du Désert.
Photo C.M./M.D.

Sentier de Roquefeuil

 Fiche pratique 12

Voir à l'horizon onduler les Cévennes, embrasser du regard les multiples hameaux de Saint-Paul-la-Coste... paysages qui se méritent en empruntant les superbes anciens chemins et sentiers de cette longue boucle.

5 h
13 Km

669 m
165 m

Situation Mialet, à 10 km au Nord-Ouest d'Anduze par la D 50

 Parking sous les platanes (Ouest du village)

Ⓓ Monter à droite vers le village, passer devant l'église et s'engager dans la seconde ruelle à gauche, passer sous une arche. Le chemin se rétrécit.

❶ A l'intersection, grimper sur les rochers à droite. Le sentier monte raide dans les terrasses désaffectées, puis plus doucement en suivant les courbes de niveaux.

❷ Laisser à droite un sentier qui descend franchement et poursuivre à travers une vielle châtaigneraie.

❸ Après un bassin et, avant les ruines d'une clède, partir à droite. Le chemin se poursuit sur la crête dégagée (thym). Avant d'arriver au mas Pagès, le chemin suit une terrasse.

❹ Monter à droite avant le mas sur 50 m, puis descendre à gauche par une piste carrossable. Rester sur la piste jusqu'au col (644 m).

❺ Grimper à droite pour atteindre le point culminant du circuit. Continuer tout droit et, dans la descente, juste avant un virage prononcé sur la droite, quitter la piste pour descendre à gauche par un sentier escarpé.

❻ Dans la clairière, s'engager sur le second sentier à droite. Traverser le taillis de chênes verts et descendre par la piste à droite. Suivre la piste en restant toujours sur le versant occidental du serre.

❼ Avant la route, descendre à droite sur un ancien chemin qui emprunte une dalle calcaire, franchit un gué, puis se poursuit en lacets avant d'atteindre la route de fond de vallée.

❽ La suivre à gauche, puis la quitter pour une sente qui part à droite. Parcourir 100 m. A la première fourche, rester à gauche. Longer le cimetière, traverser une route, puis s'engager, dans un virage à droite, sur une sente très ombragée. Arriver à la rue principale, monter à droite, passer devant le temple, puis regagner le parking.

 Balisage

Ⓓ à ❺ jaune
❺ à ❻ blanc-rouge
❻ à Ⓓ jaune

Difficulté particulière

■ éviter les périodes de fortes chaleurs et les lendemains de pluies (schistes glissants)
■ gué entre ❼ et ❽

Ne pas oublier

À voir

 En chemin

■ Mialet : pont des Camisards, église 13e, temple, vieilles ruelles
■ Châtaigneraie
■ Panorama et lapiaz
■ Chemin caladé remarquable

 **Dans la région**

■ Grotte de Trabuc et ses « cent mille soldats »
■ Musée du Désert au mas Soubeyran ■ Hameau des Aigladines ■ Corbès : fontaine, ancienne chapelle romane

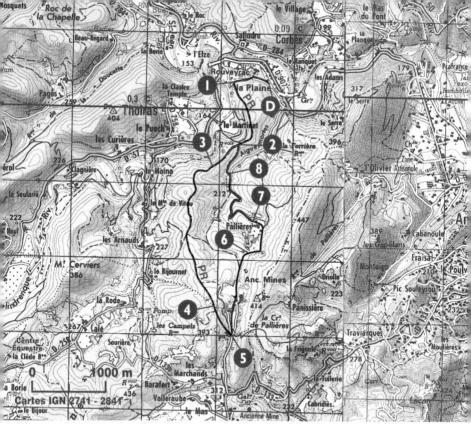

Le maréchal de Toiras

*J*ean du Caylar de Saint-Bonnet, marquis de Toiras, dont la marquise de Sévigné, qui avait pourtant la dent dure, chanta les louanges, fut un de ces grands soldats dont les Cévennes furent si riches. Né à Saint-Jean-du-Gard en 1585, page du prince de Condé dès 14 ans, il servira Henri IV puis Louis XIII avec fidélité et courage. Il se distingua notamment en résistant victorieusement aux Anglais dans l'île de Ré avec une poignée de soldats pendant quatre mois. Nommé maréchal de France en 1630, la haine du cardinal de Richelieu pour ce huguenot le fit

Automne cévenol. *Photo G.B.*

s'engager au service du duc de Savoie, allié de la France, et il mourut d'une décharge d'arquebuse en1636, au siège de Fontenette en Italie, sur la pièce d'artillerie qu'il pointait contre l'ennemi.

La draille de Rouveyrac

Situation Thoiras, à 10 km à l'Ouest d'Anduze par la D 907

Parking de la gare de Thoiras-Lasalle

Balisage jaune

Entendez-vous les sonnailles, les bêlements, les pierres qui roulent, les chiens, le berger ? C'était hier, tous partaient pour de longs mois en estive. C'était du temps des transhumances, c'était du temps des drailles.

Ⓓ De l'ancienne gare de Thoiras-Lasalle, traverser la voie ferrée et se diriger à gauche vers une bâtisse en bois que l'on dépasse. Suivre à droite la route de Rouveyrac, laisser à droite la route «direction Rouveyrac» et poursuivre sur envion 100 m jusqu'à une maison.

Orchis pyramidale.
Dessin N.L.

❶ Monter à gauche un sentier bordé de murs de pierres (la draille). Arriver sur la crête (*point de vue sur la vallée de la Salindrenque*) et rejoindre, dans un virage, un départ de chemin .

❷ Monter à droite vers un réservoir.

❸ Poursuivre sur le chemin (la draille) jusqu'au *point de vue sur les montagnes du Liron et de la Fage.*

❹ Continuer jusqu'à un carrefour (*ancien puits de mine*).

❺ Descendre le chemin à gauche entre les deux routes. Continuer tout droit.

❻ Au parc à cochons noirs entourant la ruine « la Fabrique », rester sur le chemin communal.

❼ Traverser le hameau de Pallières et descendre par la route. Environ 50 m après la ruine « la Remise », atteindre une intersection.

❽ Traverser à gauche le ruisseau d'Aigues-Mortes pour remonter vers le point ❷. Reprendre le chemin en face dans le virage pour revenir au point de départ.

Difficultés particulières

■ éviter les jours de battue aux sangliers
■ la voie ferrée est empruntée par le petit Train à Vapeur des Cévennes
■ gué inondé par temps de pluie après le repère ❽

Ne pas oublier

À voir

En chemin

■ Thoiras : château 15e, église romane ■ le Prieuré (la clastre) ■ anciennes mines de la Vieille Montagne ■ Maison de la randonnée et de l'environnement ■ hameau de Pallières

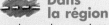
Dans la région

■ verdure et châteaux du Val de Salindrenque : châteaux de Thoiras 15e, Malérargues, Prade 13e, Calviac 13e, St-Bonnet ■ vieux ponts du Martinet et du Moina
■ ouvrages d'art de la ligne du chemin de fer ■ four à chaux du Puech

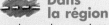

51

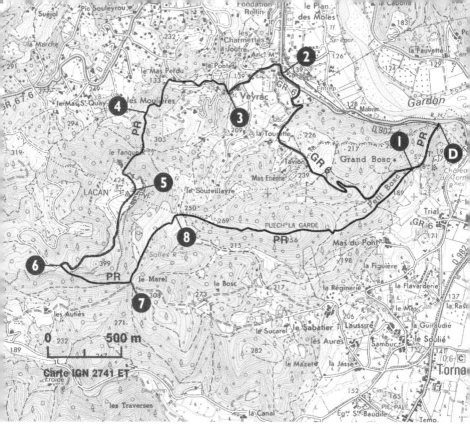

Mémoire...

Celle du chemin de fer des Cévennes, qui accéléra le développement économique de Saint-Jean-du-Gard. Inauguré en 1909, il fonctionna jusqu'en 1971. Quatre tunnels, six viaducs et trois gardons suivis ou traversés : Saint-Jean, Mialet, Anduze. Aujourd'hui, grâce à une poignée de passionnés et au tourisme sa mémoire se perpétue.

Celle du cinéma français, du « Salaire de la Peur » de Clouzot. Quand Vanel et Montand sont prisonniers d'un marécage dans le décor fabuleux des bambous géants de Prafance.

Unique en Europe, il faut absolument descendre du petit train des Cévennes et savourer cette oasis asiatique de près de 40 ha.

Au plein cœur de l'été, fraîcheur exotique garantie...

Train à vapeur des Cévennes. *Photo CDT 30*

Lacan et le château de Tornac **14**

De pinède en chênaie verte, une balade gaillarde sur le piémont des Cévennes calcaires vers le sommet de Lacan, superbe belvédère sur la porte des Cévennes dont la tour de Tornac contrôlait l'accès.

D Monter le chemin carrossable qui passe sous la voie ferrée.

❶ Partir à droite. A la patte d'oie suivante, aller à droite. Monter en épingle dans une chênaie verte à Tavion, puis descendre par une ancienne route à la D 907.

❷ Avant l'ancien moulin, bifurquer à gauche et monter une route.

❸ A l'entrée du camping, s'engager sur un sentier escarpé surplombant celui-ci par la gauche. Retrouver une petite route que l'on quitte à droite pour traverser à gué un petit ruisseau. A la conduite forcée, grimper dans une forêt de pins par un sentier étroit.

❹ Prendre à gauche un chemin plus large sur 20 m, puis grimper par le sentier à droite dans la forêt de chênes. Laisser à droite les ruines du Tanque et continuer à monter. La vue se dégage. Après un petit replat, prendre la sente à droite qui serpente entre rochers et pierriers, assez raide (*fléchage au sol*).

❺ Au sommet de Lacan, descendre par une sente derrière les pylônes. Un peu plus bas, prendre à gauche un chemin carrossable (*enrobage ancien*) sur 800 m.

❻ A la sortie d'un virage, quitter le chemin pour dévaler un sentier caillouteux.

❼ Au Marel, remonter par la gauche et rester à flanc de coteau. Laisser des ruines à droite et suivre le sentier qui descend. Passer sous une ligne électrique et, après une pente raide mais courte, atteindre une intersection (mas à gauche).

❽ Franchir une barrière en ferraille et remonter par un large chemin entre les pins. Suivre la crête, longer un mur de séparation et d'anciennes terrasses sur la droite. Le sentier descend plus franchement en zigzag entre les chênes et passe sous deux lignes électriques.

❶ Reprendre le chemin de l'aller.

Situation Tornac, à 3 km au Sud d'Anduze par la D 907

Parking à 700 m du carrefour de La Madeleine à droite (en venant d'Anduze)

 Balisage

D à **❶** jaune
❶ à **❷** blanc-rouge
❷ à **D** jaune

 Difficultés particulières

■ éviter les jours de chasse
■ passage de rochers et de pierriers entre **❹** et **❺**

Ne pas oublier

 **À voir**

En chemin

■ Château de Tornac 16e
■ Rocher de Lacan ■ Croix gravée dans le rocher

Dans la région

■ Tornac : monastère bénédictin, église, moulin ■ Anduze : tour de l'Horloge, fontaine-pagode (tuiles vernissées), musée de la Musique ■ Musée du Santon à Générargues ■ Dolmens de La Grande-Pallière ■ Oppidum de Saint-Julien

Anduze « porte des Cévennes »...

La porte d'Anduze. *Dessin Malika Whitaker,*
15 ans, lauréate du grand prix de la bande
dessinée de la ville de Sauve, en 1997.

C'est à Anduze que le Gardon quitte la montagne. Il s'écoule là entre deux belles parois calcaires, véritables murailles dont les plis trahissent l'histoire géologique de la région.

De Saint-Hippolyte-du-Fort à Saint-Ambroix, allongées au pied du bloc surélevé des Cévennes, les Cévennes dites calcaires forment une bande étroite orientée nord-est/sud-ouest. Malgré les 922 mètres de la montagne de la Fage, ce massif est peu élevé, son altitude variant généralement entre 200 et 500 mètres.

Il est formé de sédiments identiques à ceux des causses : grès, marnes et surtout calcaires du jurassique.

Cette bordure sous-cévenole est comprise entre, à l'est, le système de failles qui la sépare de la dépression voisine du bassin d'Alès et à l'ouest, les premiers affleurements schisteux des Cévennes. C'est une région très plissée : les plis les plus visibles s'observent dans les nombreuses falaises qui bordent le Vidourle et le Gard dans les cluses respectives de Saint-Hippolyte-du-Fort et d'Anduze. L'origine de ces plis est aujourd'hui bien connue. Il y a 45 millions d'années, des Pyrénées à la Provence surgit une montagne dont les massifs des Maures, de l'Esterel et bien entendu des Pyrénées demeurent les témoins. Cette naissance provoque deux phénomènes : la disparition presque totale de l'océan qui couvrait cette région et un déplacement des garrigues. En appui sur la faille des Cévennes, ce massif coulisse de près de 8 km vers le nord-est en provoquant le plissement des terrains sédimentaires.

Le château de Tornac

Le château de Tornac se dresse sur le rocher dominant la plaine gardoise, et commande l'accès à Anduze par la cluse du Gardon. A l'origine, il n'y avait probablement que la tour carrée ou donjon de Sandeiren, construite par les Bermond d'Anduze au 11e ou 12e siècle. Cette tour faisait partie d'un réseau de tours à signaux qui permettait de communiquer de proche en proche de façon très rapide jusqu'en hautes Cévennes, et en particulier permettait de signaler l'arrivée de troupes ennemies. Le château lui-même fut construit au 16e siècle. Incendié en 1792 par les sans-culottes locaux, il fut ensuite saisi et vendu comme bien d'émigré et partagé en plusieurs lots. La ville d'Anduze en acquit ainsi une partie. Après des années d'abandon, une nouvelle restauration a été entreprise par ses propriétaires actuels.

Au pied du château, à la Madeleine, se trouve une grande bâtisse, ancien relais à la croisée de routes autrefois importantes. Une grande bataille camisarde se déroula à proximité de ce relais et plus récemment un combat entre maquisards et troupes allemandes.

Les alentours du château de Tornac sont riches en monuments religieux romans. Au Monestier, s'élève l'ancienne abbaye de Saint-Etienne de Tornac, dont les aménagements récents n'ont pas réussi à masquer la beauté. Cette abbaye, que le grand spécialiste de l'art roman en Languedoc Pierre-A. Clément appelle le « Jumiège des Cévennes », est un véritable chef-d'œuvre en péril. A 300 mètres à l'est du monastère se dresse, accompagnée de cyprès, l'église romane de Sainte-Baudille, datant du 11e siècle. L'édifice a été très bien restauré récemment. Un peu plus loin encore, à un kilomètre du monastère, une autre église romane, Saint-Pierre de Sévignac, a longtemps servi de bâtiment d'exploitation à une ferme. Il est toujours surprenant de voir que de si belles églises ont réussi à traverser les siècles agités par des guerres de Religion en plein pays huguenot !

Le château de Tornac. *Photo G.B.*

Des causses méditerranéens aux sommets cévenols

*I*l *faut emprunter l'ancienne route des Ruthènes qui reliait Nîmes à Rodez, pour découvir deux paysages bien différents.*

D'abord, après avoir franchi le col du Cap de Coste, s'ouvre le verdoyant pays viganais. Enserré entre les massifs granitiques du Liron, du mont Aigoual et du Lingas, ce pays offre ici une variation d'altitude importante qui favorise un bel étagement de la végétation. Quel changement par rapport au 19e siècle où les besoins en bois de chauffe avaient fait de ces massifs des montagnes pelées !

C'est ici le pays de l'arbre-roi des Cévennes, le châtaignier. Exclusivement silicicole, il est omniprésent jusqu'à près de 900 mètres d'altitude. Utilisé pour la charpente comme pour l'alimentation des bêtes et des hommes, il a, dans ce pays d'écarts, permis à bon nombre de générations de survivre. Aujourd'hui les terrasses, autrefois nécessaires pour le développement de la châtaigneraie à fruit, sont laissées à l'abandon. Mais déjà certaines renaissent avec la culture de l'oignon doux...

Inféodée au milieu forestier la flore est riche et la faune remarquable : citons, le cerf, le mouflon (réintroduit), la rosalie des Alpes, beau coléoptère bleu, et la chouette de Tengmalm, découverte récemment, qui utilise les cavités du pic noir.

Ensuite, soudés à ce massif, les causses, tables calcaires au paysage monotone qui se perd à l'horizon. Ils sont indissociables des canyons, ces profondes vallées encaissées

Mouflon. *Dessin P.R.*

qui découpent ces plateaux en autant d'îles : causses de Blandas, de Campestre, de Bégon, du Larzac, Causse noir...

Dans ce paysage de pacages, landes et boisements lâches, battus par les vents, les champs cultivés sont cantonnés dans les creux (doline). S'accommodant de la pauvreté de la végétation, c'est une région traditionnelle d'élevage du mouton (lait des brebis pour le roquefort). Sur les sols squelettiques la pelouse rase et la lande buissonnante abritent une végétation xérophyle (qui aime chaleur et aridité). Mais il faut surtout scruter les cieux pour apercevoir l'aigle royal ou les vautours fauves réintroduits depuis peu dans le plus sauvage des canyons caussenards, celui de la Vis.

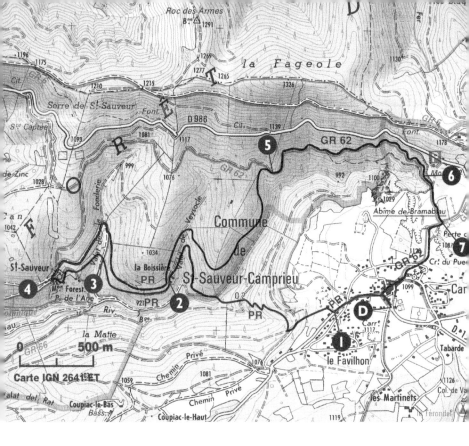

Bramabiau, la naissance de la spéléologie

*A*utrefois, on hésitait à dire « grottologie ». Depuis le 28 juin 1898, avec la traversée, réussie par E. A. Martel « non sans difficultés », sous la risée des gens du causse, du parcours souterrain du

L'Abîme de Bramabiau. *Photo F. de R.*

ruisseau du Bonheur on parle de « spéléologie ». Ce petit ruisseau, abandonnait son ancien lit pour s'engouffrer dans la grotte des « 3 000 bêtes » (de l'habitude des caussenards de jeter cadavres et carcasses) sous les dalles calcaires du causse de Camprieu. Martel et son équipe prouvaient, 700 mètres plus loin et 90 mètres plus bas, après avoir sauté de cascades en cascades, que les eaux du Bonheur et du Bramabiau étaient les mêmes. Bramabiau, « le bœuf qui brâme », tant est bruyant le vacarme de l'eau de l'ultime cascade (40 mètres de hauteur) qui ressurgit dans la reculée de l'alcôve, au pied de la falaise de 100 mètres de haut (au lieudit l'Abîme).

« Le sentier des morts... »  **Fiche pratique 15**

Sur les traces de nos ancêtres... mais cette fois pour découvrir la beauté du « chemin des vivants » alternant forêts, torrents et bâtisses restaurées. Visiter l'abîme de Bramabiau ? excellente idée !

D Suivre la D 157 vers Millau sur 200 m.

① Descendre à droite.

▶ Panneau en bois présentant le circuit emprunté jusqu'au 20 août 1872 par les habitants de Camprieu les jours d'enterrements. Sans église, ni cimetière, ils portaient à dos d'hommes les cercueils jusqu'à Saint-Sauveur-de-Pourcils.

Franchir la passerelle en bois sur le Bramabiau.

② Quitter le sentier principal pour gagner une vieille bâtisse. La traverser sous un large porche. Le sentier remonte vers le chemin principal.

③ Couper une piste forestière et gagner Saint-Sauveur-des-Pourcils. Traverser le village. Longer l'église et parcourir 50 m.

④ Suivre la piste forestière. Laisser à droite le parking (*aire de pique-nique*).

▶ Possibilité de poursuivre plein Ouest vers le sentier botanique.

⑤ A l'intersection, prendre à droite et gagner Camprieu.

⑥ Laisser sur la droite le sentier d'accès à l'abîme de Bramabiau. Au croisement, tourner à droite et emprunter le chemin qui descend en direction du village.

⑦ Bifurquer à droite. Parcourir 50 m. A la patte d'oie, suivre le chemin du milieu. Il mène à la rue du Puech, au sommet de Camprieu. Descendre la route à droite pour rejoindre le parking.

3 h
9 Km

1 128 m
920 m

Situation Camprieu, à 37 km au Nord du Vigan par les D 999, D 48 (col du Minier) et D 986

 Parking gymnase de Camprieu

 Balisage
D à **⑤** norme PNC (jaune)
⑤ à **D** blanc-rouge

 Difficulté particulière

■ éviter les périodes enneigées

Ne pas oublier

 **A voir**

En chemin
■ Sentier des Arbres
■ Maison des guides
■ Abîme de Bramabiau
■ Perte du Bonheur

Dans la région
■ Mont Aigoual (observatoire météorologique) ■ Gorges de Trévezel ■ Vallée du Bonheur : prieuré roman 10e de Notre-Dame-du-Bonheur, nombreuses tourbières ■ Arboretum de la Foux

Sentier du Saint-Guiral

Situation Dourbies, à 43 km au Nord-Ouest du Vigan par les D 999, D 48 (col du Minier) et D 151a

 Parking place de l'Eglise

Un tel panorama se mérite ! Cette longue boucle invite à prendre de la hauteur et traverse vallons, ruisseaux, forêts, landes et hameaux. La courte escalade finale rappelle les grands sommets !

D Prendre en contrebas la calade qui descend vers les berges de la Dourbie. La franchir par la passerelle en bois.

❶ Suivre la D 151a à droite sur 50 m, puis monter une sente à gauche. A La Rouvière, devant la croix, tourner à gauche et suivre la route.

❷ Avant d'arriver à Ressançon, à la hauteur de la croix, quitter la route et prendre à droite le sentier qui monte au milieu des prairies vers les bois. Franchir la rivière, puis serpenter en montant entre les genêts vers un petit col. Au milieu d'une grande plate-forme dénudée, le chemin rejoint une piste forestière.

❸ Emprunter à droite la piste carrossable qui s'engage dans un bois de résineux. Passer le croisement de trois pistes et poursuivre sur 100 m.

❹ Quitter la piste forestière et suivre à gauche un sentier qui monte en pente forte.

❺ Poursuivre le chemin jalonné de cairns qui mène au pic Saint-Guiral, visible à gauche au sortir du bois. Suivre le GR® (tracé le plus facile) pour accéder au pic. Pour repartir, contourner le pic dans les bois en face Nord et rejoindre le croisement des pistes forestières.

❻ Tourner à gauche.

❼ Quelques mètres avant l'abri à droite, partir à droite sur une sente (*bien suivre le balisage dans le bois*). Elle rejoint une piste. La suivre à droite. Franchir le pont.

❽ Quitter la piste pour descendre à gauche par un sentier plus étroit qui emprunte alors le versant Ouest de la montagne des Issards. Il contourne par l'Est le Montredon. Descendre son versant Nord par la piste en lacets. Emprunter à gauche la D 151a.

❶ Partir à droite et regagner Dourbies.

 Balisage

blanc-rouge, puis jaune, puis blanc-rouge, puis jaune

Difficultés particulières

■ éviter les périodes enneigées ■ ascension du pic Saint-Guiral ■ dalles de pierre inclinées sur le sentier entre ❽ et ❶

Ne pas oublier

 **À voir**

En chemin

■ Dourbies ■ Ruines du château de Valgarnide

Dans la région

■ Montagne du Lingas et lac des Pises ■ Gorges du Trévezel ■ Causse noir : Lanuéjols, châteaux de Rogers et Espinassous ■ Ruines du château fort de Caladon ■ Aumessas : village pittoresque, château 12e

Le Saint-Guiral

L e Saint-Guiral est de ces endroits magiques riches à la fois d'un admirable paysage, d'une histoire ancienne et de traditions religieuses et mystiques persistantes.

Des traces de l'occupation néolithique et d'un oppidum, voisinent avec les ruines du château primitif des Roquefeuille (seigneurs locaux). Une pierre dressée, le menhir de Peyrelado, est à l'origine d'une légende que l'on retrouve quasiment identique dans d'autres régions cévenoles : le géant Gargantua, alors qu'il se trouvait sur le Saint-Guiral, se mit à jouer aux palets. Le premier se ficha en terre à l'intersection de trois anciennes voies traversant le causse de Blandas. Le second se planta à la limite des trois communes de Rogues, Blandas et Montdardier et le troisième à Peyrelado.

La présence d'ermites à Saint-Guiral est attestée de 1727 au début du 20e siècle, mais c'est surtout un pèlerinage annuel qui permet à la foi catholique des villages des alentours, de s'exprimer. Ce pèlerinage, fixé au lundi de Pentecôte, quel que soit le temps, réunissait les habitants d'une douzaine de villages

Pic de Saint-Guiral. *Photo D.G.*

d'alentour, prêtres et confréries de pénitents en tête. Les pèlerins, outre quantité de victuailles à consommer sur place, apportaient des offrandes pour le curé de leur paroisse, ainsi que des médailles, des chapelets et des cierges à bénir. Pratiques religieuses et pratiques païennes et magiques étaient fortement mêlées, destinées les unes et les autres essentiellement à protéger les troupeaux des maladies. Un peu de « caillé » béni à Saint-Guiral permettait ainsi d'avoir du bon fromage toute l'année. Après la messe, le casse-croûte regroupait par affinités et familles les habitants des différents villages ; puis après les vêpres, c'était le moment de la cueillette de deux plantes médicinales propres au lieu, plantes censées prévenir et guérir diverses maladies du bétail, assurer la fécondité, etc. Adrienne Durand Tullou, « mainteneur du causse de Blandas », à qui nous avons emprunté toutes ces observations, nous dit que cette tradition du pèlerinage à Saint-Guiral se maintint encore dans les années 70, malgré son abandon par le clergé local.

Reboisement de l'Aigoual

P ersonne à Valleraugue dans la vallée de l'Hérault n'a oublié les terribles crues de 1857, 1861 et 1870 et son cortège de pierres roulées qui ont détruit filatures, moulins et

temples, ont emporté les prairies, engravé les terres…

Sur ce massif, il ne restait que des pâturages à bruyères et des ravins. Les exploitations minières, l'industrie du verre, puis le pâturage intensif des troupeaux caprins et ovins ont détruit la forêt qui couvrait le mont Aigoual. Il n'y avait plus rien pour ralentir, freiner ces pluies diluviennes propres au climat méditerranéen qui se déversent sur ce château d'eau (plus de 2 mètres d'eau par an) puis se précipitent comme des avalanches dans les vallées blotties au fond de ce massif. Pour faire face à ces catastrophes, il fallait reboiser. Ce fût l'œuvre de deux forestiers, G. Fabre et E. Deuxdeniers. A partir de 1874, ils entreprirent de restaurer ce paysage en achetant les derniers taillis de hêtre et en reboisant les terrains nus.

Station météorologique du mont Aigoual

*E*nraciné sur un bloc de granite enchâssé entre schistes et calcaires, à cheval sur la ligne de partage des eaux entre Atlantique et Méditerranée, cette imposante forteresse livre depuis plus de cent ans une guerre sans merci contre les éléments climatiques. Mais aussi depuis plus de vingt ans contre cette logique économique qui s'oppose à la survie de la dernière station météorologique de montagne.

18 août 1894 : inauguration de la station. Une existence qu'elle doit d'abord à Georges Fabre. Il souhaitait associer à la création d'une station forestière pour le reboisement de l'Aigoual, une météorologie appliquée permettant grâce à l'étude des facteurs climatiques, de mieux connaître l'effet du reboisement sur l'écoulement des eaux et la dyna-mique des bassins versants. Commencés en 1887, les travaux, à raison de soixante-dix jours par an seulement, ont duré sept ans. L'entrepreneur responsable du chantier, totalement ruiné finira les travaux comme simple ouvrier.

A partir des années 1970, suite aux évolutions technologiques, toutes les stations météorologiques de haute montagne (pic du Midi-de-Bigorre, puy de Dôme, mont Ventoux...) ont fermé. Toutes sauf une...

La station doit sa survie d'abord à Christian Proust, qui s'opposa, dans les années 1970, à la fermeture de cette station en travaillant, seul, pendant 18 mois à 1 567 mètres d'altitude.

Au début des années 1980, Jean Boulet, le Cévenol, prend la relève. Lui et son équipe s'ingénient alors à trouver d'autres vocations. Aujourd'hui, outre les prévisions météorologiques, l'observatoire accueille un secteur de recherche tourné vers les entreprises privées qui testent de nouveaux matériaux et un musée de la Météorologie ouvert du 1er mai au 30 septembre.

Observatoire météo d'Aigoual.
Photo F. de R.

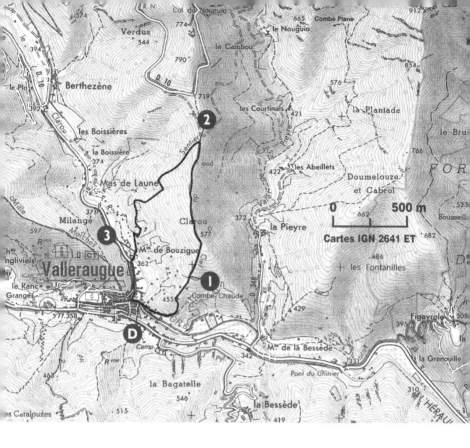

Les filatures

*L*a forte progression de la production de la soie date à Valleraugue de la seconde moitié du 18e siècle : 5

Filature du Mazel. *Photo CDT 30*

à 6 000 kilos de cocons produits vers 1760. A cette époque, la soie était filée de façon artisanale à domicile, dans des « bassines » installées sur des fourneaux. Filer la soie consiste en effet à « dévider » les cocons dans de l'eau chaude, à réunir plusieurs fils de soie et à les tordre (la « croisure »), puis à les enrouler en écheveaux envoyés à Lyon pour le tissage. Vers 1820, l'utilisation des chaudières à vapeur entraîne la construction de véritables usines, les filatures, grandes et belles bâtisses aux larges ouvertures pour laisser pénétrer la lumière, et qui drainent la main-d'œuvre féminine de toute la vallée.

Le sentier du Ciel

En quelques enjambées, prenez de la hauteur pour admirer Valleraugue et le massif de l'Aigoual. Ce sentier montre que toutes les terrasses ne sont pas abandonnées... A faire avant les 4 000 marches !

D Emprunter le pont sur le Clarou, tourner à droite, parcourir 30 m, puis s'engager dans la ruelle à gauche.

1 Le sentier serpente dans les terrasses et atteint rapidement la forêt de châtaigniers.

▶ Nombreux points de vue sur Valleraugue, la vallée du Clarou, le valat de la Pieyre, la vallée de l'Hérault et, en amont, le massif de l'Aigoual.

Puis, il grimpe le long de la crête boisée.

2 Prendre à gauche à l'arrivée dans la clairière et descendre vers la vallée du Clarou.

3 En bas de la dernière calade, tourner à gauche, puis à droite pour passer sur le pont du moulin de Bouzigue. Descendre à gauche la D 10 sur 500 m pour regagner Valleraugue.

Cincle plongeur. *Dessin P.R.*

2 h
3,5 Km

666 m / 350 m

Situation Valleraugue, à 23 km au Nord du Vigan par les D 999 et D 986

 Parking la placette (ne pas stationner les jours de marché)

 Balisage jaune

Difficulté particulière

■ éviter les fortes chaleurs et les périodes orageuses

Ne pas oublier

À voir

 **En chemin**

■ Valleraugue : château des Angliviels ■ Vues

 Dans la région

■ Mont Aigoual (observatoire météorologique) ■ Col du Pas (monument à la Résistance) ■ Ardaillès (ancien maquis) ■ Monument André-Chamson (serre de la Lusette) ■ Filature du Mazel

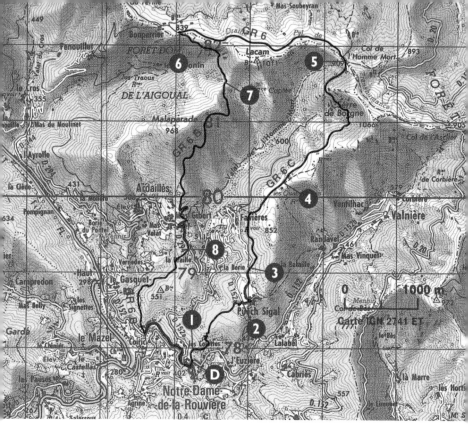

La transhumance

Les troupeaux montant à l'estive par les drailles suivaient un cérémonial immuable, remontant du fond des âges. D'abord viennent un bouc ou un bélier enrubanné, avec une énorme sonnaille, puis des boucs et des chêvres, les béliers et leurs clarines, tachés de rouge, le flot des moutons, et des brebis ensuite. Des ânes et des mulets décorés de pompons étaient disséminés dans le troupeau, transportant les provisions dans de grandes corbeilles, les banastes. Venaient enfin les bergers et leurs chiens.

Si maintenant les troupeaux sont infiniment moins nombreux et plus

Moutons parés pour la transhumance. *Photo CDT 30*

petits, si la camionnette a remplacé les ânes, la transhumance est toujours un régal pour les yeux et les oreilles, un spectacle magique et toujours renouvelé.

La Grande Draille

6 h 30 — 17,5 Km

930 m / 370 m

De crête en crête, accédez aux célèbres voies de transhumance par lesquelles passent les troupeaux pour se rendre en estive, au son perpétuel des cloches, sous le regard constant du mont Aigoual.

D Emprunter la calade du Puech-Sigal et parcourir 300 m en amont du village.

1 Au premier embranchement, suivre le sentier de droite sur 200 m. Traverser la piste et prendre en face le sentier qui monte. 150 m avant Puech-Sigal, le sentier rejoint la route dans un virage.

2 Aller en direction du village et gagner l'entrée. A hauteur de la croix, bifurquer à gauche sur la piste forestière DFCI G 19 sur 500 m.

3 Au cerisier, quitter la piste pour emprunter à droite un sentier.

4 Au col des Quatre-Jasses, quitter le chemin carrossable qui longe le parc et suivre à droite le sentier qui monte en ligne de crête. Gagner le col de l'Homme-Mort.

▶ Vue lointaine par ciel dégagé sur le mont Lozère, le mont Ventoux, les Alpilles et les Alpes.

5 Suivre à gauche la draille qui contourne par le Nord le mont Lacam et rejoindre le col de Bonperrier.

6 300 m avant les bâtisses, tourner à gauche et gagner un collet.

7 Au collet (833 m), basculer de la vallée du Vallonin au Valat de l'Homme-Mort. Suivre à droite le chemin qui traverse une murette, 20 m plus loin, et amorce la descente. Le sentier rencontre la route que l'on suit sur 600 m.

8 Prendre à droite un chemin qui descend vers l'Hérault. A un croisement, tourner à gauche pour se retrouver en face de Notre-Dame-de-la-Rouvière. Arriver sur la D 152 que l'on suit à gauche sur environ 1 km pour rejoindre le village.

Genêt purgatif. Dessin N.L.

Situation Notre-Dame-de-la-Rouvière, à 20 km au Nord-Est du Vigan par les D 999, D 986 et D 323

Parking à l'entrée du village, sous la croix, à l'embranchement des D 323, D 152 et D152A

 Balisage blanc-rouge

Difficulté particulière

■ éviter les fortes chaleurs

Ne pas oublier

À voir

En chemin

■ Notre-Dame-de-la-Rouvière : village typique sur un promontoire
■ Landes de Lacam (flore)
■ Ardaillès (ancien maquis)

 **Dans la région**

■ Menhir au col de Bes
■ Pont moutonnier de l'Asclier ■ Saint-Martial : site inscrit, église 12e
■ Fabrique-musée de la Soie du Mazel

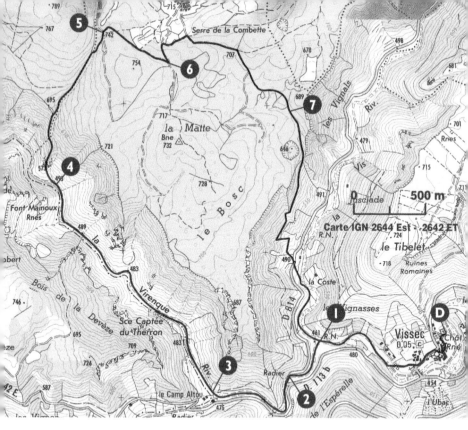

Les sources de la Vis

«La Vis à trois sources» écrivait A. Martel, en 1890. Issues du flanc méridional du Saint-Guiral, les deux premières sources sont la Virenque à l'est et la Vis à l'ouest. Malheureusement, passé respectivement Alzon et Sauclières, les eaux de ces deux rivières s'infiltrent dans les couches calcaires des causses laissant les gorges sans vie : Vissec porte bien son nom.

La Vis ne naît véritablement qu'à la Résurgence-de-la-Foux, en amont du méandre abandonné du cirque de Navacelles. Cette résurgence, la plus importante de tous les causses (2 mètres cubes par seconde) restitue les eaux de nos deux rivières et celles infiltrées dans les karsts des causses voisins.

Le méandre recoupé du cirque de Navacelles.
Photo G.B.

Cette fontaine change le décor : eaux limpides bondissant dans un canyon, avec un moulin récemment restauré... la vie naît là...

Entre Vis et Virenque

Aigle royal. *Dessin P.R.*

A la découverte de deux villages caussenards, en empruntant le lit des rivières, jadis voies de communication vitales, vers Alzon et le Larzac, qu'il fallait sans cesse remettre en état après chaque crue...

742 m 450 m

Situation Vissec, à 23 km au Sud-Ouest du Vigan par les D 999, D 48 et D 113

Parking aire d'accueil (en contrebas du village)

 Balisage jaune

Difficultés particulières

■ éviter les fortes chaleurs et les jours suivant de fortes précipitations (lits des rivières impraticables)

Ne pas oublier

D A l'aire d'accueil, traverser Vissec, passer devant l'église et parcourir 200 m. A hauteur de la croix, prendre à droite sur 200 m. Avant les dernières bâtisses, emprunter à gauche un sentier en pente douce qui rejoint le lit de la Vis. Partir à droite et le remonter.

1 A la confluence de la Vis et de la Virenque, prendre à gauche et remonter le lit de la Virenque.

2 Couper la D 814 et poursuivre en face la remontée du lit de la Virenque.

3 Laisser sur la gauche les grandes bâtisses du Camp d'Altou (*deux grandes maisons, l'une est dans le Gard et l'autre dans l'Hérault !*) et continuer à droite le lit de la rivière.

▶ Possibilité d'observer les vautours fauves du cirque de Navacelles et parfois l'aigle royal qui tournoient dans le ciel (aux heures les plus chaudes de la matinée).

4 Quitter le lit de la rivière en bifurquant à droite en direction d'un éperon calcaire. Commencer à monter vers Régagnas au travers d'une chênaie pubescente.

5 Passer le portillon de sortie du parc (*refermer les barrières*) et poursuivre en face sur le chemin carrossable.

6 Tourner à gauche et se diriger vers le hameau visible de Régagnas. Après 50 m, tourner encore à gauche pour se rendre au hameau. Prendre à droite pour retourner à Vissec.

7 Le chemin traverse une esplanade de terre puis se rétrécit en filant vers la vallée de la Vis. Traverser la D 814, suivre le lit de la Vis, puis l'itinéraire de l'aller pour rejoindre Vissec.

À voir

 En chemin

■ Vissec ■ Régagnas : atelier de céramique ■ Chênaie pubescente du Bosc ■ Doline forestière

Dans la région

■ Vissec : sentier du cirque de Vissec, sentier de la Foux (départ de l'aire d'accueil) ■ Mas Gauzin : atelier de verrerie ■ Cirque de Navacelles ■ Résurgence-de-la-Foux ■ Causse de Blandas : menhirs, dolmens, cromlechs ■ Causse de Campestre : châteaux de Campestre, Luc et Salze

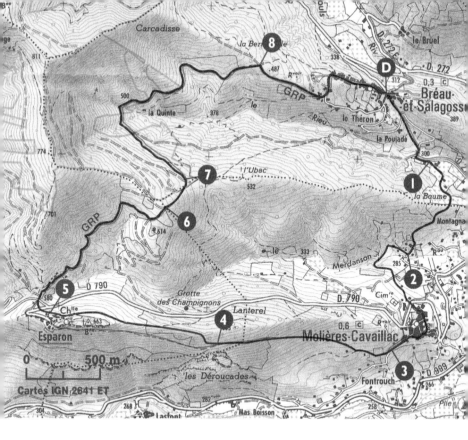

Les princes du château d'Esparon

La légende dit que ces frères, Alban, Loup et Guiral, tombèrent tous trois amoureux de la belle Irène de Rogues. Ne voulant se faire de peine les uns les autres, ils partent alors en croisade. Las, quand ils reviennent, la belle est morte. De désespoir les trois frères se revêtent de bure et se font ermites chacun sur l'un des sommets environnants. Leur nom fut donné à chacun de ces sommets : la montagne de Saint-Alban, le pic Saint-Loup et le mont Saint-Guiral. » Trois petits princes sortant du Paradis

A la guerre lointaine s'en sont partis » chantaient il y a peu de temps encore les enfants d'Esparon...

Esparon. *Photo F. de R.*

Villages viganais, circuit des Ruthènes

4 h
9,5 Km

650 m
267 m

« Sur la cinquième branche de l'étoile des chemins nîmois », la route d'étape de la marine royale de Brest à Toulon passait, au temps de Colbert, par Rodez, Millau, Le Vigan. 300 ans plus tard, à vous de la découvrir…

Situation Bréau-et-Salagosse, à 5 km à l'Ouest du Vigan par la D 999

D Passer sous le temple et prendre deux fois à droite la petite ruelle qui descend. Rejoindre la D 272, la suivre à gauche sur 50 m et, avant le virage, descendre à droite par un sentier qui retrouve la D 272, franchit le Rieu (*vous êtes sur l'ancien circuit des Ruthènes*).

P **Parking** place de la mairie

1 Quitter la D 272 sur la droite pour franchir la crête en direction de Molières-Cavaillac.

Balisage
D à **5** jaune
5 à **D** jaune-rouge

2 Prendre à droite une ruelle bétonnée qui monte puis une piste. Traverser un ruisseau à gué. Durant la montée, passer devant un lavoir puis traverser le village de Molières.

Difficulté particulière

3 Prendre le sentier à droite, après environ 100 m encore à droite et entamer la montée au travers des terrasses jusqu'à Esparon. Passer au-dessus de la Déroucade.

■ à éviter par fortes chaleurs

Ne pas oublier

4 Quitter le chemin pour rejoindre la crête à travers les terrasses, à l'échelle prendre à gauche.

À voir

▶ A Esparon, possibilité de monter sur le rocher qui surplombe le village et la vallée de l'Arre (20 mn A/R) (*attention, prudence !*).

En chemin

5 Quitter Esparon par un sentier devant la fontaine et le four communal nouvellement restauré. Suivre le sentier, couper la D 790a, puis la D 790 pour prendre la piste forestière DFCI G47ter à droite, sur un peu plus d'1 km.

■ Rocher d'Esparon : nid d'aigle avec chapelle, fontaine, four ■ Molières-Cavaillac : mairie annexe et salle des fêtes dans une ancienne filature rénovée, l'église romane occupe une partie de l'ancien fort
■ Bréau-et-Salagosse : château du Caladon, temple octogonal moderne à l'architecture rare, rocher du Prédicant (propriété privée)
■ Château du pont d'Andon du 16e

6 Quitter cette piste en suivant à droite le sentier de pays étroit qui descend parmi les cèdres.

7 Descendre à droite la piste forestière. Après la barrière, poursuivre la piste en face. Elle passe au-dessus de la Quinte, puis arrive sur la crête, dans une châtaigneraie.

Dans la région

8 Virer à droite en direction de Bréau pour rejoindre la mairie au point de départ.

■ Alzon et son église fortifiée
■ Châteaux de Montdardier, d'Aumessas, de Montcalm
■ Cascades d'Orgon

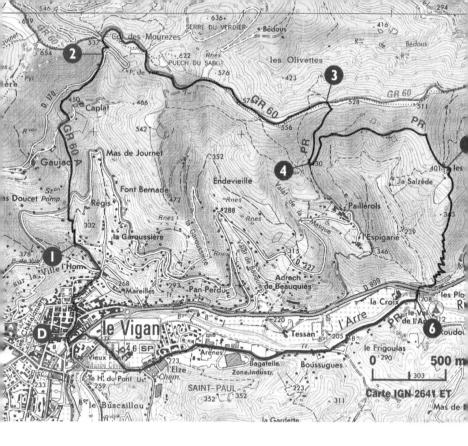

Sarrasins en Cévennes

Le vieux pont du Vigan. *Photo F. de R.*

La mode de l'interprétation topo-
nymique a fait du col des
Mourèzes l'un des nombreux lieux
de passage des envahisseurs maures
ou sarrasins : il n'y a pas loin en effet
de Maures à Mourèzes. Sur le plan
historique cependant, rien ne permet
d'affirmer que les invasions arabes
aient une quelconque responsabilité
dans le nom de ce col, comme dans
beaucoup d'autres toponymes du
même genre, d'ailleurs, en Cévennes
(le plus fameux étant dans la vallée
Française, le Fèz-Rolland, où
Roland, oui, le Roland de Charle-
magne et de l'olifant ! aurait vaincu
les Sarrasins). On ne peut qu'être
frappé par l'impact sur l'imaginaire
collectif de ces invasions, probablement les dernières à déferler sur la
région. Il faut dire que la lutte contre
l'Islam avait été un cheval de bataille
important pour l'Eglise catholique au
Moyen Age.

Sentier du col des Mourèzes

Depuis Le Vigan, arpentez les anciennes châtaigneraies jusqu'au col des Mourèzes. Surplombez les vallées, avant de redescendre par des hameaux isolés et de longer les berges de l'Arre.

Sanglier. *Dessin P.R.*

4 h
10,5 Km
576 m
208 m

Situation Le Vigan, à 80 km au Nord-Ouest de Nîmes par la D 999

 Parking hôtel de ville (rue des Mareilles)

Balisage
Ⓓ à ❸ blanc-rouge
❸ à Ⓓ jaune

 Difficultés particulières

■ éviter les fortes chaleurs et les périodes orageuses ■ abrupt entre ❸ et ❹ (thalweg) ■ traversée de la D 999 entre ❺ et ❻

Ne pas oublier

À voir

 En chemin

■ Le Vigan : promenade des châtaigniers, château d'Assas, musée Cévenol ■ Pont Lacroix (pont-aqueduc de plusieurs arches) ■ Vieux pont roman sur l'Arre

 Dans la région

■ Cascades d'Orgon ■ Col du Minier ■ Lac des Pises ■ Château des Clapices dans le vallon sauvage du Coudoulous ■ Château de Mandagout sur la commune du même nom qui possède 40 hameaux !

Ⓓ Monter la rue de Mareilles (angle arrière droit de l'hôtel de ville).

❶ Laisser à droite trois poteaux en béton reliés par une barrière métallique verte, continuer 10 m. Quitter la route à droite et suivre la calade bordée à gauche par un ruisseau. Suivre la route sur 150 m.

❷ Tourner à gauche au niveau d'un petit pont en pierre. Le chemin coupe le lacet de la route et rejoint le col des Mourèzes. Suivre la piste forestière en face.

❸ Bifurquer à angle droit à droite (*à l'amorce de la descente : marque jaune visible à mi-hauteur sur un jeune tronc de chêne vert*) et descendre dans les châtaigniers.

❹ 300 m avant les premières bâtisses de Paillérols, bifurquer à gauche. Le sentier mène aux Caumels.

▶ Un monticule rocheux offre en amont des Caumels un point de vue panoramique sur les vallées de l'Arre, de l'Arboux et, au loin, sur le massif de l'Aigoual.

❺ Le sentier traverse Les Caumels (*en cours de restauration*) et poursuit la descente sur 300 m. Couper une piste forestière. Passer sous l'ancienne voie ferrée, tourner à droite et suivre la D 999 sur 50 m (*route fréquentée : prudence*). Descendre à gauche un chemin goudronné, puis franchir l'Arre sur le pont-aqueduc.

❻ Au sortir du pont, tourner à droite. La route se dirige vers Le Vigan par la rive droite de l'Arre.

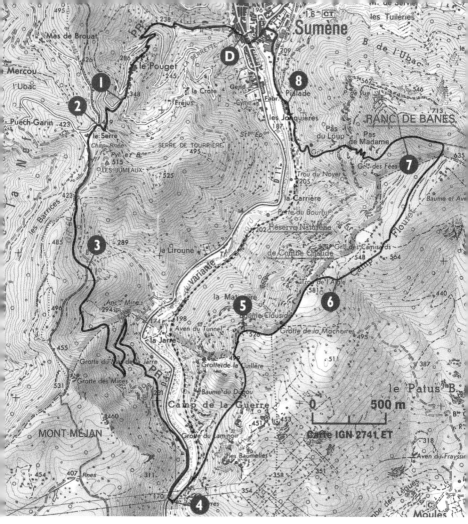

La « Raïolette »

L'oignon doux des Cévennes ou « Raïolette », commercialisé sous l'appellation de « Doux Saint-André » couvre de nombreuses terrasses ou faïsses de la région de Sumène et de Saint-Martial. Ces oignons, délicieux en salade et en tartes, se conservent très bien. La production, de 1 500 tonnes seulement, a un débouché essentiellement régional. Mais cet oignon, s'il est très apprécié localement, pourra prétendre à une place plus importante dans le marché national au fur et à mesure de la conquête de nouvelles terres et de l'utilisation de nouvelles méthodes de culture : son coût actuellement assez élevé s'explique par le fait qu'il est encore largement cultivé et ramassé à la main !

Photo C.M.

Le Ranc de Banes

Sur les traces des ermites, des romains et des mineurs d'hier, une balade à faire de préférence en automne ou en hiver autour d'une gorge profonde.

6 h 30
14 Km

713 m
170 m

Situation Sumène, à 6,5 km au Nord de Ganges par la D 11

Parking route du Pouget, parking de la mairie (50 m après l'église)

Balisage
D à **2** jaune
2 à **3** blanc-rouge
3 à **D** jaune

Difficultés particulières

■ éviter l'été, les périodes orageuses ■ parcours sur la D 11 avant **4** ■ attention aux abords des falaises entre **4** et **6** ■ passages escarpées entre **7** et **8**

ne pas oublier

À voir

 En chemin

■ Sumène ■ Vestiges de la chapelle Saint-Cyprien et vestiges d'un castellas (sommets des Jumeaux) ■ Ancienne mine (deux grands fours en pierre) ■ Grottes

 Dans la région

■ Saint-Martial ■ Moulin de Poujol ■ Château de Saint-Julien-de-la-Nef (auberge d'Isis) ■ Château du Mercou ■ Cascade d'Aiguefolle ■ Menhirs du col de la Pierre levée et du Cayrel

D Entamer la montée par la rue à gauche du parking. A 400 m après un petit pont, quitter la route du Pouget et partir à droite. A deux reprises, laisser à droite des chemins. Après quelques lacets, le chemin de terre rejoint le hameau du Pouget que l'on traverse. A la sortie (*cabine téléphonique*), continuer sur 150 m la route qui monte.

1 Quitter la route pour le chemin montant à gauche.

2 Au carrefour de trois routes et du GR® 60 prendre le chemin le plus à gauche vers le Serre que l'on traverse. Suivre la portion commune avec le GR® 60.

3 Quitter le GR® 60 et suivre sur le sentier raviné qui descend vers la vallée, il passe prés d'un ancien site minier. Déboucher sur la D11, la suivre à droite vers Ganges (*prudence*).

4 Franchir le pont des chèvres, entamer la monter à gauche et passer sous la voie ferrée. A partir d'ici, le circuit devient plus escarpé et technique (*prudence*).

▶ Variante pour rejoindre Sumène : suivre l'ancienne voie ferrée longeant le cours du Rieutord (*durée : 1 h*).

Continuer à grimper et gagner la crête des falaises. Le sentier longe alors le sommet des falaises en contrebas de la crête.

5 Le sentier passe à l'intérieur de la grotte de Baume Clauside. Ensuite rattraper la crête et poursuivre en bord de falaise (*bien suivre les cairns qui complètent le balisage*). Le sentier quitte les falaises.

6 Il rejoint une piste qui longe à sa gauche le grillage de la réserve de Combe Chaude. Poursuivre le sentier à travers les chênes verts. Rejoindre un petit col après avoir gravis un court pierrier. Le sentier vire vers la gauche et continu à flanc du Ranc de Banes.

▶ Accès au Ranc de Banes : suivre le sentier qui monte à droite (*balisage point jaune, 45 mn aller-retour*).

7 Vers la vallée descendre par le sentier très abrupt qui serpente à travers les barres rocheuses (prudence). Après avoir traversé un chemin d'accès à un terrain privé rejoindre la voie ferrée.

8 Le sentier passe sous celle-ci et la longe, puis entre dans Sumène par l'ancienne gare.

Riches et fragiles garrigues

Capitelle. *Photo F. de R.*

*E*ntre la montagne cévenole et la plaine languedocienne s'étendent les garrigues gardoises sur plus de la moitié du département. La masse sombre des chênes domine cet ensemble de plateaux calcaires, légèrement inclinés du nord au sud, d'où émergent les falaises blanches brûlées de soleil. Séparés par de légères dépressions, comme le bassin d'Alès ou celui de Lédignan, ces plateaux sont entaillés par de superbes gorges à méandres où coulent, parfois avec violence, l'Ardèche, la Cèze et le Gard.

Vers 10 000 avant Jésus-Christ, la garrigue est recouverte de pins sylvestres, de genévriers et de chênes à feuilles caduques (chênes blancs). L'homme qui la parcourt n'est encore ni agriculteur, ni pasteur, mais vit de la chasse et de la cueillette. Entre 6 000 et 4 000 avant Jésus-Christ, il devient agriculteur et élève chèvres et moutons. Le chêne blanc, qui vit sur les sols les plus profonds, est éliminé au profit des cultures. Le chêne vert et le buis se développent sur les plus mauvais terrains. Les premiers villages de cabanes se forment, puis les oppida fortifiés et leurs maisons en pierre sèche, et enfin les villas romaines, ancêtres de beaucoup de nos mas et hameaux actuels.

Depuis cette période et jusqu'aux années 1950, la garrigue joue un rôle essentiel. C'est d'abord le terrain de parcours indispensable aux troupeaux de moutons. Les habitants des fermes et des villages en tirent leur bois de charpente, leur bois de chauffage, des glands, des plantes médicinales, des champignons. Le charbon de bois est produit sur place par les charbonniers suivant des techniques ancestrales. On y fabrique également de la chaux avec du calcaire chauffé à blanc, du verre. L'yeuse fournit le tan pour tanner les peaux de mouton, et le genévrier cade l'huile de cade si importante dans la pharmacopée ancienne. Une belle architecture du calcaire, avec ses puits et ses citernes, se développe. On peut véritablement parler d'une civilisation de la garrigue.

On retrouve bien sûr la garrigue dans d'autres départements que le Gard, mais en trouve-t-on d'aussi belle ? La fréquentation de plus en plus intense de ce massif par de nombreux randonneurs, grâce aux nombreuses pistes de Défense de la Forêt Contre les Incendies, fragilise cette garrigue. Aussi, conscient de la richesse de ce patrimoine et de sa vulnérabilité, on peut espérer que bientôt des mesures de protection verront le jour.

Le camaïeu des garrigues. *Photo CDT 30.*

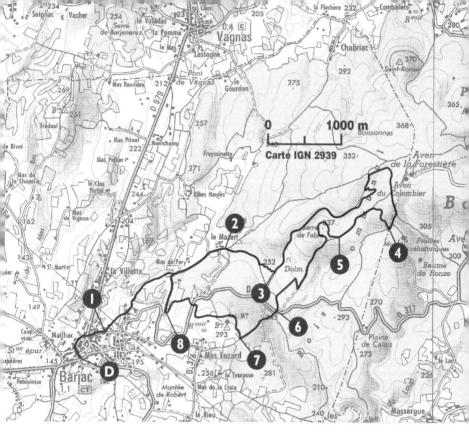

Avens et grottes

Sur les plateaux calcaires, en surface, les eaux circulent peu ou pas. Elles s'infiltrent dans le manteau calcaire. Chargée de gaz carbonique, l'eau attaque le carbonate de calcium contenu dans le calcaire entraînant la formation de dolines (petites dépressions fermées) d'ouvalas puis de poljés... A l'occasion des multiples fissures qui parcourent les plateaux, l'eau pénètre très profondément dans le

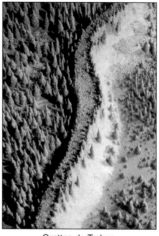

Grottes de Trabuc,
«les mille soldats». *Photo R.D.*

sol. Ce creusement et cette dissolution des calcaires provoquent la formation de puits, les avens. Peu à peu, ces puits s'agrandissent, des galeries souterraines se ramifient pour arriver à former de véritables grottes parsemées de concrétions de calcites, stalactites, draperies... Joyaux du département du Gard, il faut visiter la grotte de Trabuc, la Cocalière, l'aven de la Forestière...

Dolmens et capitelles

Au milieu des bois et des garrigues, partez à la découverte des panoramas sur les Cévennes, des capitelles, mais surtout des dix dolmens sur les trente recensés du bois des Ronzes.

4 h 30
17 Km

353 m / 153 m

Situation Barjac, à 30 km au Nord-Est d'Alès par les D 904, D 171, D 255 et D 901

 Parking place du 8 mai (devant l'office du tourisme)

 Balisage jaune

 Difficulté particulière

■ éviter l'été

Ne pas oublier

🅓 Entrer dans Barjac par la rue Salavas. Avant l'arche, emprunter la Grand-Rue. Au bout, traverser et monter par la rue du Dr. Chevalier-Lavaure. Dépasser une croix et poursuivre sur 200 m.

❶ Prendre à gauche un chemin. Traverser la D 176 (*prudence*), poursuivre par un chemin caillouteux. Retrouver une route, passer devant le mas de Péry.

❷ Au Mazert, poursuivre tout droit. Au niveau du chêne pubescent, prendre un sentier à droite. Arriver sur une piste, tourner à gauche. A la clairière, emprunter le second sentier à droite qui serpente jusqu'au premier dolmen.

❸ Prendre la piste à gauche. Dépasser une citerne, continuer sur 200 m, puis monter un sentier à droite. Après le cinquième dolmen, descendre à gauche, revenir sur la piste et tourner à droite. A la patte d'oie suivante, obliquer à droite. Au carrefour de la citerne, poursuivre en face. La piste descend. A l'intersection, monter à droite et encore à droite, plus loin.

❹ Quelques mètres avant une troisième patte d'oie, partir sur une sente à droite en sous-bois, puis descendre la piste.

❺ Après la seconde piste à droite, emprunter une sente sur la droite. Retrouver la piste plus loin. La descendre sur 1 km. Bifurquer à droite vers la maison forestière. Partir deux fois à gauche et retrouver la D 176.

❻ Suivre la D 176 quelques mètres à droite, descendre à gauche une piste DFCI sur 50 m. Monter à droite un chemin herbeux. En haut, tourner à gauche sur la piste carrossable. A la patte d'oie, aller à gauche.

❼ Face à un mur, partir à droite. Passer devant deux maisons, une neuve et un moulin en ruine. Couper la D 176. Laisser le camping à droite, prendre un chemin devant une maison. Descendre un sentier escarpé et caillouteux.

❽ Suivre la route à droite sur 500 m, puis aller à gauche pour regagner Barjac par l'itinéraire aller.

À voir

 En chemin

■ Barjac ■ Dolmens ■ Charbonnières ■ Capitelles ■ Panoramas du serre de Fabre et de la Devèze

 Dans la région

■ Aven de la Forestière ■ Aven et musée de l'aven d'Orgnac ■ Baume Ronze ■ Chapelle de Saint-Roman ■ Carrières de pierre de taille ■ Fouilles préhistoriques de Baume Ronze

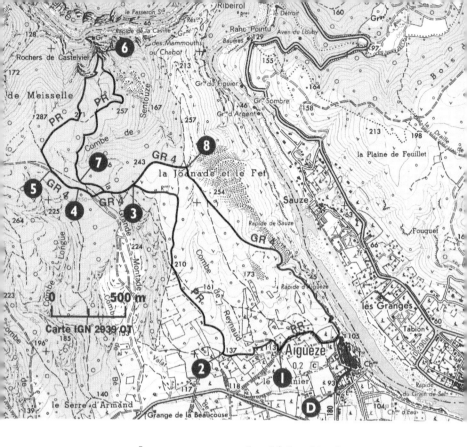

Les gorges de l'Ardèche

Entre Aiguèze et Vallon-Pont-d'Arc, sur près de 30 kilomètres, la rivière Ardèche dessine une succession de méandres harmonieux, entrecoupés de rapides, au cœur d'un canyon dont les falaises peuvent atteindre près de 400 mètres. Ces falaises inaccessibles abritent des espèces rares et menacées comme l'aigle de Bonelli ou le vautour percnoptère. Des curiosités géologiques spectaculaires comme le pont d'Arc, des sites préhistoriques de première valeur (nombreuses grottes ornées, dont la somptueuse grotte Chauvet) ont développé un tourisme de plus en plus important. Les créations, en 1980, d'une réserve naturelle et plus tard d'une opération Grand Site ont pour but de mieux définir une stratégie d'accueil visant à maîtriser la fréquentation du site tout en protégeant ses richesses.

Gorges de l'Ardèche.
Photo F. de R.

Le rocher de Castelviel

Une balade autour des gorges de l'Ardèche, où retentissent les cris des choucas, et d'Aiguèze (peut-être l'ancienne cité de Charles Martel), nid d'aigle aux portes du Languedoc.

Choucas des tours. *Dessin P.R.*

275 m
90 m

Situation Aiguèze, à 10 km au Nord-Ouest de Pont-Saint-Esprit par les N 86 et D 901

Parking de l'école à l'entrée du village

Balisage
D à **3** jaune
3 à **5** blanc-rouge
5 à **7** jaune
7 à **D** blanc-rouge

Difficultés particulières

■ éviter l'été ■ prudence en longeant les falaises des gorges entre **8** et **D**

Ne pas oublier

D Traverser le village, à la sortie Nord, à une croix, partir plein Ouest par la route qui monte légèrement. Passer devant un monument au morts.

1 A hauteur d'un garage, dans un virage, s'engager à droite sur une dalle de pierre. Faire 30 m et prendre le sentier à gauche (*balisage au sol*). Plus loin, emprunter un chemin à gauche.

2 Au bout d'une petite route, monter à droite dans la garrigue ouverte par une piste carrossable sur 20 m. A la patte d'oie suivante, aller à droite. Dépasser un mazet. A l'intersection, partir à gauche. A la citerne du Grand-Aven, poursuivre tout droit.

3 Se diriger à gauche sur 100 m, puis poursuivre tout droit. A l'intersection suivante en T, partir à droite sur une piste forestière très large.

4 Poursuivre sur la piste principale plein Ouest.

5 S'engager à droite en sous-bois. A l'intersection suivante, aller à droite sur 250 m. A la patte d'oie, descendre à gauche par un sentier plus escarpé.

6 Descendre à droite par un sentier escarpé. Plus loin le chemin remonte. Emprunter un ancien chemin (murs de soutien en pierres sèches). Après le virage en épingle, prendre à gauche à la première intersection.

7 Partir deux fois à gauche pour retrouver une piste forestière. Continuer jusqu'au repère **3**.

3 Quitter la piste et monter par celle de gauche.

8 Prendre à gauche à la clairière, faire quelques pas et s'engager au Sud-Est sur une sente à droite. Emprunter le GR®4, rester sur le sentier principal et regagner Aiguèze.

À voir

En chemin

■ Aiguèze ■ Village médiéval, castelas, château 8e, église 16e

Dans la région

■ Château des Templiers 12e de Laval-Saint-Roman ■ Montclus ■ Pont-Saint-Esprit : musée Paul-Raymond, musée départemental d'art sacré, pont 13e (seul pont entre Lyon et la mer pendant de nombreux siècles)

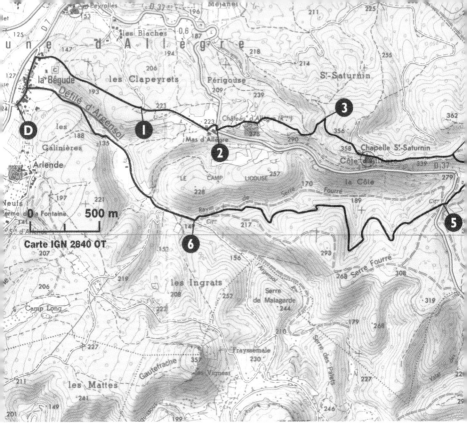

Les thermes

*U*tilisés par les Romains (vestiges encore visibles), les thermes des Fumades ont traversé, depuis plus de 2 000 ans, les aléas de l'histoire.

Au début du 20e siècle, l'établissement atteint son apogée ; à partir de 1914, les curistes allemands (fort nombreux) se font rares. La station thermale végète jusqu'en 1989 où elle est rachetée par le département. Commence alors une renaissance : les anciennes installations sont abandonnées au profit d'un nouveau bâtiment moderne et pratique. Cette « cure de jouvence » ne s'est pas faite sans mal car seules deux sources sont aujourd'hui déclarées d'utilité publique, contre quatorze au début du 20e siècle.

Les anciens thermes. *Photo G.B.*

L'eau gardoise chargée en soufre permet à la station de s'affirmer dans le traitement des voies respiratoires, de la dermatologie et des affections des muqueuses buccales.

Le château d'Allègre

Balade familiale entre l'eau, qui façonne baumes et marmites du diable du défilé d'Argensol, et les falaises sur lesquelles les hommes ont dressé ce château fort…

3 h
9,5 Km

358 m
147 m

D Traverser La Bégude vers le Nord. Dépasser le monument aux morts et continuer sur 100 m. Monter à droite par une ruelle entre deux maisons sur 150 m. Partir à gauche sur un sentier longeant deux murets, puis grimper en sous-bois par un sentier escarpé bordé de buis. Au croisement suivant, poursuivre la montée et gagner une intersection en T.

❶ Continuer à monter légèrement à droite par un chemin carrossable au mas d'Allègre.

❷ Prendre la route à droite sur 50 m. En plein virage (face à un portail rouillé), grimper à gauche par une sente rocailleuse au château d'Allègre. Contourner le château par le Nord. A la fin du sentier bordé de deux murs de pierres sèches, avant d'amorcer une descente, s'engager à gauche sur une sente qui monte sur les affleurements de calcaire (*fléchage au sol*). Le sentier s'élargit et redescend légèrement.

❸ A l'intersection en T, monter à droite en sous-bois sur un chemin plus facile. Au croisement suivant, partir à droite vers la chapelle St-Saturnin. La contourner par le Nord. A partir de là, le sentier très escarpé et rocailleux longe les falaises calcaires (*prudence !*). Rester sur la sente principale (attention aux innombrables intersections).

❹ Dévaler à droite un chemin plus large. Plus loin, contourner une ruine dans un bosquet de chênes pubescents.

❺ Couper la D 37 (*prudence !*) et s'engager à droite de la citerne sur un chemin carrossable en pente douce (DFCI 10).

❻ Continuer à droite sur le chemin carrossable, suivre l'Argensol, franchir un pont bétonné. Au croisement plus loin, rester sur la droite. Arriver à La Bégude, regagner le parking.

Ciste à feuilles de sauge. *Dessin N.L.*

Situation La Bégude (commune d'Allègre), à 18 km au Nord-Est d'Alès par la D 16

Parking pré, près d'un silo (au Sud du hameau)

Balisage jaune

Difficultés particulières

■ éviter les jours de chasse et ceux de fort mistral
■ prudence entre la chapelle St-Saturnin et ❹

Ne pas oublier

À voir

En chemin

■ Château d'Allègre
■ Panorama sur les serres calcaires du massif du Bouquet ■ Défilé d'Argensol

Dans la région

■ Chapelle d'Arlende 10e
■ Boisson : église (carillon), château ■ Sources thermales des Fumades
■ Source d'Arlende
■ Oppidum de Saint-Peyre
■ Valat de Séguissous
■ Cascades et marmites des Aiguières

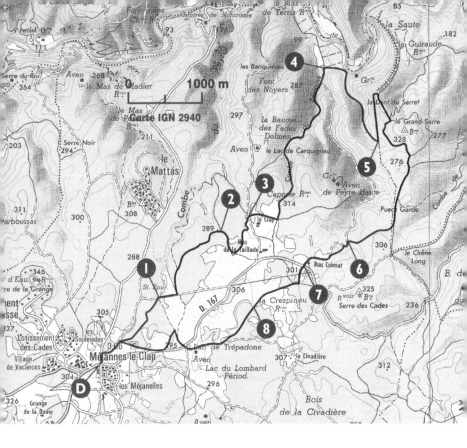

De l'or dans la Cèze ?

L'or a fait rêver, et fera encore longtemps rêver, et ce rêve résiste à toutes les baisses du cours officiel ! Mais point besoin de courir la jungle ou la savane : les sables et les graviers des rivières de notre région cachent des paillettes d'or. On dit même que la plus grosse pépite d'or jamais trouvée en France de mémoire humaine, vient du Gard : elle aurait pesé 543 grammes !

Orpaillage. *Photo G.C.*

Dans la Cèze, les orpailleurs sont toujours nombreux et la relève semble assurée : d'anciens orpailleurs professionnels organisent des stages au cours desquels enfants et adultes peuvent apprendre à manier la « battée », et repartent avec leur récolte de minuscules paillettes, sans grande valeur marchande (il faudrait 7 000 paillettes pour faire un gramme d'or), mais quel riche souvenir !

La dent du Serret

6 h
18 Km

316 m
90 m

Situation Méjannes-le-Clap, à 30 km au Nord d'Uzès par les D 979 et D 167

 Parking mairie (devant l'office de tourisme)

 Balisage jaune

 Difficulté particulière

■ éviter la chaleur de l'été et les jours de chasse

Ne pas oublier

Sur les chemins de traverse des garrigues du plateau de Méjannes, il faut descendre se baigner dans le cadre enchanteur des gorges de la Cèze avant de grimper à la dent du Serret pour la contempler.

D Traverser la route du hameau du Mattas. Un peu plus loin, prendre un sentier sur la droite, dans la garrigue haute à chênes pubescents.

❶ Au croisement, suivre le chemin de terre qui monte à droite. Bifurquer dans un premier chemin à gauche, puis sur un sentier à gauche. Laisser deux sentiers sur la gauche.

❷ Prendre la piste de droite sur 250 m. S'engager à gauche sur un sentier plus sinueux.

❸ Traverser la piste et poursuivre en face. Tourner à gauche au croisement suivant et rester sur la droite pour descendre par la combe de Béléousé à l'intersection avec une large piste. Poursuivre la descente sur la piste.

❹ Virer à droite avant les plantations de peupliers. Au bord de la Cèze, continuer à droite pour remonter par la combe de la Verrière.

❺ Tourner à gauche peu avant le sommet de la combe de la Verrière et monter jusqu'au sommet de la Dent du Serret. Continuer vers le Grand Serre jusqu'au premier croisement. Prendre à droite et continuer tout droit.

❻ Emprunter à gauche une piste sur quelques mètres. A la sortie du virage, partir à gauche par un sentier plus étroit. Continuer jusqu'au mas Crémat.

❼ Traverser la D 167. Prendre en face le sentier qui coupe un chemin de terre, serpente, repart sur la droite, croise un chemin et rejoint une piste.

❽ Emprunter à gauche cette piste, puis un sentier à droite, avant de retrouver la piste plus loin. Poursuivre jusqu'au lac de Trépadonne. Franchir la D 167. S'engager sur le sentier en face. Au croisement suivant, bifurquer à gauche sur un sentier qui longe la route pour revenir au parking.

 À voir

En chemin

■ Mas du Clap ■ Dolmen des Fades et aven de Peyre-Haute ■ Gorges de la Cèze ■ Dent du Serret ■ Mas Crémat ■ Lac de Trépadonne

Dans la région

■ Villages perchés de Montclus et Tharaux ■ Oppidum de Barri ■ Château ruiné de Rochegude ■ Chêne vert séculaire

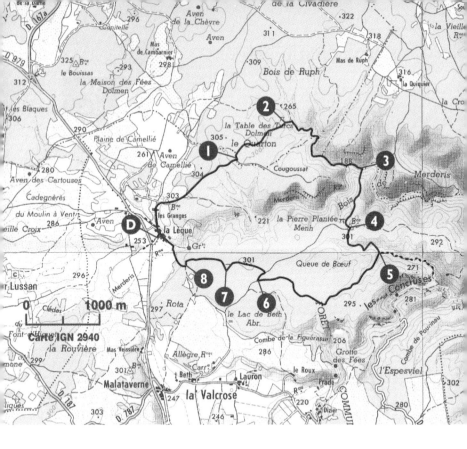

Menhirs et dolmens

À proximité des gorges du Merderis, se dresse le menhir dit « la Pierre Plantée », le plus haut du Languedoc et probablement même de tout le sud-est avec près de six mètres de haut. Ces pierres dressées sont très nombreuses dans le Gard, et sont même, parfois, sur le causse de Blandas, réunies en véritables « cromlechs » (cercles de menhirs) qui n'ont pas grand chose à envier à la Bretagne ! Les dolmens, autres signes du passé le plus ancien (âge du bronze

soit 2 000 ans avant Jésus-Christ) sont présents également dans de nombreux sites du Gard, en particulier entre Barjac et Orgnac. Ils sont de taille et de facture différentes, sépultures individuelles ou collectives ou simples dépôts de restes d'incinération, mais toujours situés dans des lieux « magiques » et pleins de mystères.

La Pierre Plantée.
Photo D.G.

Le menhir, les Concluses

Pour les amoureux de la nature, une balade entre deux gorges peuplées de mille et une fleurs et d'une avifaune typique des milieux rupestres et des garrigues basses ou hautes, ouvertes ou fermées.

4 h 50
14 Km
304 m
180 m

Situation La Lèque (commune de Lussan), à 23 km au Nord d'Uzès par la D 979

 Parking à droite avant l'entrée du hameau

 Balisage jaune

D Prendre à gauche dans le hameau de la Lecque, puis à droite. Traverser la ferme des Granges et emprunter la route à droite. Poursuivre sur le bon chemin.

1 Se diriger à gauche sur 50 m, puis bifurquer à droite sur un chemin qui se transforme en sentier. Gagner le dolmen de la Table des Turcs.

2 Traverser le lapiaz, puis descendre à droite vers la vallée qui se dessine en contrebas par un sentier escarpé jalonné d'escaliers naturels importants. Au terme de la descente, s'engager à droite au fond de la combe du Ruph. Rejoindre la jonction avec les gorges du Merderis et poursuivre sur 200 m.

3 Au niveau de trois gros rochers alignés en file indienne au milieu du lit de gravier, monter à droite brutalement par un sentier escarpé (escalier aménagé). Sur le plateau, ne jamais emprunter la piste forestière qui parfois longe la sente

4 Traverser la piste qui passe devant le menhir. Prendre en face un sentier. Il coupe un autre chemin, devient très rocailleux et plonge brusquement dans une combe. Atteindre une patte d'oie.

▶ Accès au point de vue sur les gorges des Concluses (A/R : 1 h). A gauche, continuer à descendre le chemin pour aller jusqu'au Portail (*passerelle sur l'Aiguilllon*).

5 S'engager à droite sur une sente étroite. Au sommet de la combe de La Queue-de-Bœuf, suivre la piste à droite.

6 A l'intersection avec une autre piste, prendre à gauche. Environ 500 m plus loin, à l'amorce d'un virage, partir sur le sentier en face à droite qui rejoint une piste.

7 Aller à droite sur la piste. A la patte d'oie, tourner à gauche. Le chemin descend, puis amorce, face à la plaine en contrebas, un virage à angle droit vers le Sud.

8 A la sortie du virage, s'engager à droite sur une sente. Elle franchit un gué sur le Merderis et ramène à La Lèque.

  Difficultés particulières

■ éviter la chaleur de l'été et les jours de chasse
■ passage en corniche entre **5** et le Portail
■ prudence au Portail
■ gué entre **8** et **D**

Ne pas oublier

 **À voir**

En chemin

■ La Lèque ■ Dolmen de la Table des Turcs ■ Menhir de la Pierre Plantée (le plus haut du Sud-Est de la France) ■ Le Portail (étroit des gorges de l'Aiguillon)

Dans la région

■ Plaine du Camellié (se transforme en lac par très forte pluie) ■ Lussan : village fortifié, château 13e ■ Château du Fan 16e ■ Verfeuil : village médiéval, château 11e ■ Site des Concluses : gorges, oppidum ■ Chêne de l'Arnaud

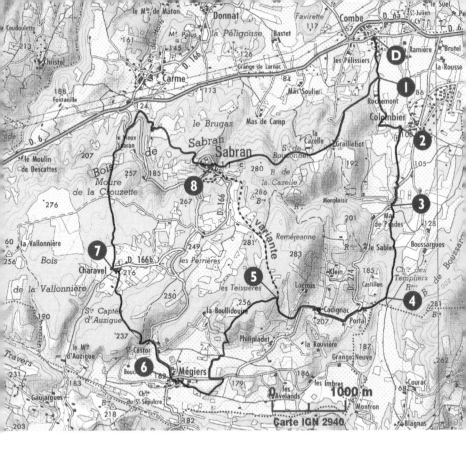

La comtesse de Sabran

*F*rançoise Eléonore Dejean de Manville épousa à 19 ans, en 1768, le comte Joseph de Sabran, illustre marin de 47 ans son aîné (cela ne les empêcha pas d'avoir deux enfants !). Son mariage ouvrit les salons parisiens et la cour de Louis XV à la belle intrigante. Elle y rencontra le marquis de Boufflers (il n'avait que onze ans de plus qu'elle) qui devint son amant et la rejoignit en Rhénanie quand la plupart des nobles émigrèrent pour échapper à la Révolution. Cette femme passionnée, s'intéres-

Le Mazet. *Photo CDT 30*

sait à la politique, aux arts, écrivait des poèmes, bref, la parfaite femme de salon de l'époque des Lumières.

La Sabranenque

Dans les pins, chênes blancs, chênes verts et châtaigniers, un circuit agréable, vallonné, diversifié, fait de chemins d'ombres et de lumières, sablonneux ou cailouteux, parsemés de hameaux tranquilles et pittoresques.

D Prendre la montée de la Fontaine, un chemin goudronné devenant sentier. Au sentier transversal, prendre à gauche.

❶ Descendre à gauche. En bas, le sentier longe vignes et oliveraies. Au débouché sur une petite route, prendre à gauche et suivre jusqu'à une petite route transversale ; prendre à droite.

❷ Tourner à droite, passer le cimétière, monter le chemin à gauche. Suivre ce grand chemin jusqu'à la route que l'on emprunte jusqu'à un pont.

❸ Juste avant le pont, tourner à gauche, puis à droite à l'intersection suivante. Un chemin puis un sentier mène à une intersection.

❹ Prendre à droite un sentier débouchant sur une route ; l'emprunter en face. Passer Portal et Cadignac. Environ 150 m après, dans le virage, s'engager à droite dans le chemin de Bel Horizon et atteindre une intersection.

▶ A droite, un raccourci (balisé points jaunes) mène à Sabran.

❺ Emprunter un grand chemin à gauche, puis une petite route débouchant sur la D 274. Aller à gauche sur 50 m, descendre le chemin bordé d'un mur de pierres à droite. Au calvaire, partir à droite vers Mégiers.

❻ Aller vers Sabran par la route. Passer un pont et, environ 30 m plus loin, prendre à gauche. A un calvaire, descendre en face, passer un lavoir, monter à Charavel.

❼ S'engager dans le chemin à gauche de la route. Juste avant la D 166, passer sous un petit pont, longer un peu la route, puis descendre à droite. En bas, prendre encore à droite. Après le ruisseau, monter à droite et emprunter le chemin de Sabran.

❽ Au cimetière, (porte en bois), descendre le sentier à gauche. Il mène à un grand chemin, puis sur une route que l'on descend jusqu'à un virage en épingle. Prendre le sentier à droite et rejoindre Combe.

320 m
70 m

Situation Combe (commune de Sabran), à 3 km à l'Ouest de Bagnols-sur-Cèze par la D 6

 Parking côté droit de l'église

 Balisage jaune

 Difficulté particulière

■ éviter les jours de chasse

Ne pas oublier

À voir

En chemin

■ Cadignac ■ Charavel
■ Sabran : château en ruines du 12e et point de vue

Dans la région

■ Bagnols-sur-Cèze : musée Albert-André, musée archéologique Léon-Alegre, vieilles ruelles 13e
■ Gaujac : oppidum celtique et gallo-romain de Saint-Vincent
■ Boussargues : château, chapelle des Templiers (privée)
■ Chapelle romane du Saint-Sépulcre ■ Village perché de La Roque-sur-Cèze
■ Cascades du Sautadet

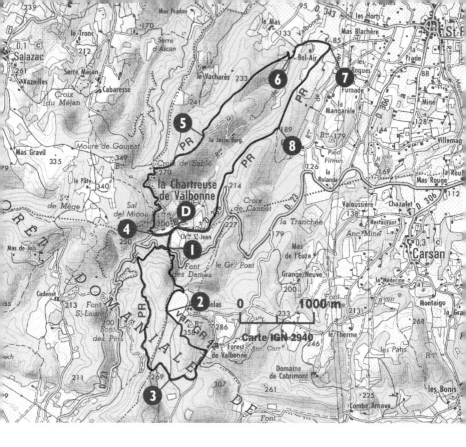

La forêt de la Valbonne

R eflet à la fois des conditions du milieu passées et présentes et de l'action de l'homme, en plein cœur du midi méditerranéen, la forêt de la Valbonne offre, sur 1 400 hectares, un havre de paix et de fraîcheur

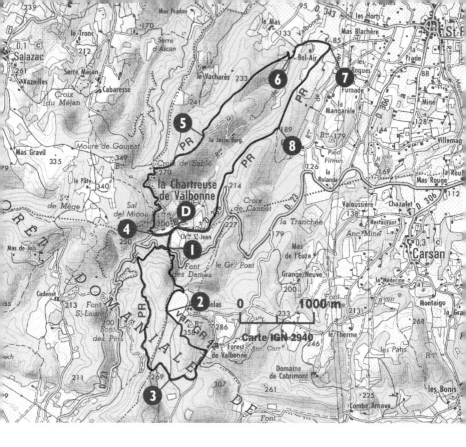

Chartreuse de Valbonne. *Photo F de R.*

méritant à coup sûr le détour.

Une cuvette vallonnée, une succession de sols différents et un microclimat original ont favorisé la présence d'une forêt remarquable, très riche sur le plan botanique. Sa préservation, elle la doit aussi aux Bénédictins puis aux Chartreux qui pour assurer leur tranquillité l'ont protégée. En 1830, l'État prend la relève et elle fait l'objet d'un plan de reboisement général.

Orgueil de cette forêt : des hêtres séculaires présents dans les vallons encaissés et humides où le soleil pénètre peu, reliques glaciaires d'une époque (plus de 20 000 ans av. J.-C.) où cette essence était plus commune à basse altitude…

La Chartreuse de Valbonne

Cachée dans une cuvette verdoyante au centre du massif de Valbonne, la Chartreuse est le point de départ de deux balades abritées du soleil permettant de découvrir la richesse de la forêt domaniale.

D Prendre la route qui monte légèrement à gauche d'une maison en angle. Après le panneau indiquant la Chartreuse, monter à gauche par un sentier sous les arbres.

1 Couper la D 23 et prendre en face. Le chemin continue à monter. En haut de la côte, suivre la piste carrossable à droite et contourner la vigne.

2 Descendre à gauche sur 200 m. A la fin de la vigne, monter à droite par une sente. Après une descente franche, tourner à droite sur la D 303. A la patte d'oie, prendre la piste forestière de la Sarraïer à droite.

3 A l'intersection, descendre à gauche. A l'intersection suivante, aller tout droit, puis à droite dans un virage en épingle bordé d'anciennes bornes. Suivre la piste forestière qui, dans une combe très marquée au Nord, permet de découvrir les hêtres (*arbres au tronc gris et lisse*). Aller à droite sur la route.

1 Descendre la sente de l'aller et gagner le point de départ.

D Suivre la route vers l'Ouest.

4 Monter à droite la route forestière de la Croix-de-Sablé à Saint-Paulet-de-Caisson. Au col, bifurquer à droite.

5 Quitter la route forestière et s'engager à gauche dans un sentier qui descend en pente douce sous les pins sylvestres. Rester sur le sentier principal (*bien suivre le balisage*).

6 Descendre la route à gauche. A l'intersection avec une autre route, prendre à gauche vers le vallon.

7 Bifurquer à droite sur la route, après le mas de la Broze. Continuer par une route forestière qui monte dans la garrigue à droite d'une vigne (*bien suivre le balisage*).

8 Poursuivre à droite, en montée régulière par le chemin de Saint-Jean, puis sur la route et regagner le parking.

5 h
15 Km
345 m
100 m

Situation chartreuse de Valbonne (commune de Saint-Paulet-de-Caisson), à 10 km à l'Ouest de Pont-Saint-Esprit par la D 23

P **Parking** sous les platanes (près de la chartreuse)

Balisage blanc-rouge, puis jaune, puis blanc-rouge, puis jaune

Ne pas oublier

À voir

En chemin
■ Chartreuse : cloîtres d'époques différentes, toits de tuiles vernissées ■ Sentier botanique

Dans la région
■ Saint-Paulet-de-Caisson : chapelle Saint-Agnès ■ Pont-Saint-Esprit : musée Paul-Raymond, musée départemental d'Art sacré, hôpital et collégiale de l'Œuvre du Saint-Esprit 14e, pont 13e (seul pont entre Lyon et la mer pendant de nombreux siècles) ■ Saint-Michel-d'Euzet : ancien village fortifié, église romane, lavoir (1650) ■ Salazac : village médiéval fortifié ■ Saint-Christol-de-Rodières : église romane 12e

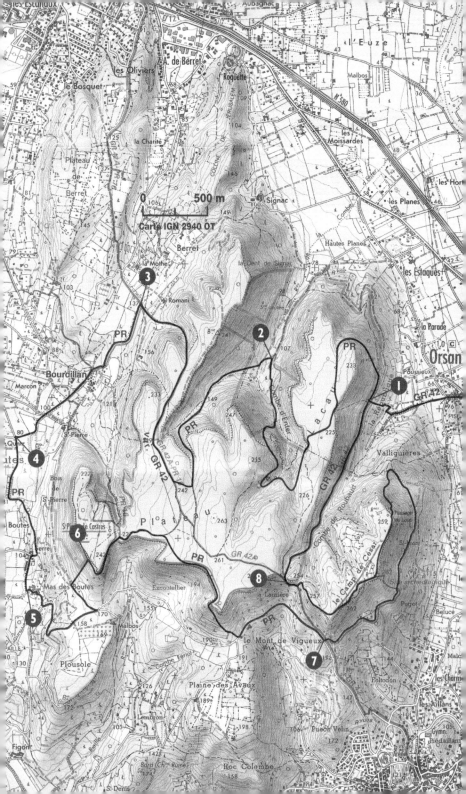

Carte IGN 2940 OT

Le Camp de César

Des panoramas grandioses, un itinéraire contrasté qui longe les falaises, remonte dans l'histoire ancienne par le « Passage du Loup » et plonge dans la combe de l'Enfer…

D Prendre la D 121 à gauche, passer à droite du lavoir et suivre tout droit le sentier GR® 42. Après la croix de fer, au second virage, monter à droite un sentier escarpé.

1 Suivre la piste à droite. A l'intersection, monter à gauche. Après une forte pente, le sentier longe le bord de la falaise puis revient vers l'intérieur. Il descend, passe des marches de pierre, traverse deux ravins et dévale dans la combe d'Enfer. Descendre dans le lit à sec, faire 20 m, puis sortir à droite. Au mazet ruiné, continuer à droite sur un chemin.

2 Aller à gauche. Au croisement, monter à gauche l'étroit chemin. Au sommet, prendre le sentier à droite. Partir à droite. Sur le plateau, rester à gauche. Descendre, passer la ligne à haute tension.

3 Aller à gauche sur une piste. A la route, partir à droite sur 20 m puis à gauche sur un chemin.

4 Prendre la route à gauche. Dans un creux à gauche, s'engager dans le lit d'un ruisseau à sec. Il devient chemin, monte et descend au mas de Serre. A gauche de la fontaine, prendre le chemin entre vignes et bâtiments vers le mas des Boutes.

5 Traverser le mas, continuer à droite. Suivre à gauche une piste qui monte et coupe un plateau cultivé. Entre deux poteaux, bifurquer dans un chemin en pente à gauche puis à droite. Après quelques pas, monter une sente dans les buissons à droite. Au sentier, continuer à droite. Le raidillon conduit au sommet.

6 Descendre à droite. Un sentier à gauche mène à la chapelle. Aller à gauche dans le sous-bois puis plusieurs fois à droite pour longer les falaises. Le sentier descend du plateau dans les buissons.

7 A la stèle de l'oppidum, descendre la route à gauche puis la piste. Le chemin contourne une vigne à gauche et descend. A la fourche, rester à gauche puis grimper une sente raide. Après le passage du Loup, prendre à gauche sur le plateau. Trouver un chemin à droite dans les ruines, passer deux carrefours puis devant un bassin dans la pierre. Suivre le sentier à gauche au bord des falaises. Au croisement, prendre en face le sentier qui monte à flanc de colline sur des terrasses.

8 S'engager à droite, descendre dans la combe de Roubaud, gagner le repère **1**. Descendre et traverser Orsan.

8 h 30 · 22 Km 262 m / 45 m

Situation Orsan, à 6 km au Sud-Est de Bagnols-sur-Cèze par la N 580

 Parking derrière l'église

 Balisage
blanc-rouge de **D** à **1**, jaune, puis blanc-rouge, puis jaune de **3** à **8** et blanc-rouge de **8** à **1**

 Difficultés particulières

■ éviter les fortes chaleurs de l'été, les jours de mistral et les jours de chasse
■ passage du Loup étroit entre **8** et **9** ■ bords de falaises entre **7** et **9**

 Ne pas oublier

À voir

 En chemin

■ Chapelle Saint-Pierre-de-Castres ■ Orsan : ruelles, château féodal 14e

 **Dans la région**

■ Laudun : musée du Camp de César (mairie)
■ Tresques : village fortifié, tour sarrasine, château 12e
■ Château 14e de Montfaucon ■ Bagnols-sur-Cèze

La Chartreuse de Valbonne

Après la traversée de l'épaisse forêt, nous sommes tout étonnés d'arriver dans une petite plaine bien cultivée, avec un ensemble important de bâtisses aux toits vernissés : la Chartreuse de Valbonne. Ce sont les moines de l'ordre fondé par saint Bruno, les Chartreux, qui dès le Moyen Age défrichèrent cette vallée et lui donnèrent son nom bien mérité de Valbonne, la bonne vallée. Au 16e siècle, la Chartreuse fut livrée aux flammes au cours des guerres de Religion, mais la restauration ne tarda pas, et la Chartreuse atteignit une magnificence qu'elle n'avait jamais eue auparavant : placages et autels de marbre dans l'église, riches décors en bois des stalles des moines. Pour éviter une nouvelle destruction, la précaution avait été prise de protéger le monastère par une solide enceinte. Las ! la Révolution dispersa les moines et le mobilier de leur monastère, et ils ne purent revenir que sous la Restauration.

Sans mésestimer l'histoire ancienne de la Chartreuse, ni son site, ni surtout sa splendide architecture, c'est son devenir récent qui nous paraît le plus remarquable. Les Chartreux en effet, ne voulant pas se conformer à la loi sur les associations cultuelles de 1901, partirent en Espagne, et le monastère fut abandonné jusqu'en 1926.

Il fut alors acheté par un pasteur protestant ancien missionnaire, qui y installa un hôpital pour les victimes des maladies tropicales, lépreux, des colonies françaises principalement.

Depuis 1960, les progrès de la médecine permettent de soigner les lépreux à domicile. De nouvelles structures sont mises en place : un centre de postcure psychiatrique à vocation de réinsertion et de réadaptation professionnelle, ainsi qu'un CAT (Centre d'aide par le travail). Les activités pratiquées sont celles du bâtiment (maçonnerie, ferronnerie et menuiserie), et les activités agricoles (jardinage, élevage et maintenance agricole). Goûtez les Côtes-du-Rhône produits et vieillis à la Chartreuse, ils valent certainement ceux des moines chartreux de l'ancien temps !

Chartreuse de Valbonne.
Photo F. de R.

Le Camp de César

Fibule en bronze du 2e siècle après J.-C.
Photo G.D.

Un des nombreux sites antiques baptisés Camp de César où probablement César ne mit jamais les pieds ! Les populations avaient tendance à décréter « de César » tout ce qui remontait au-delà du Moyen Age, indice de la popularité du vainqueur de Vercingétorix ! En fait, ce Camp de César est à l'origine un oppidum celte, c'est-à-dire un camp fortifié, utilisant un plateau naturel entouré de falaises sur trois côtés : il suffisait de barrer le quatrième côté par une forte muraille, et une citadelle inexpugnable était réalisée à peu de frais. C'est ce que firent les membres d'une ethnie celte, les Volques Arécomiques (ça ne s'invente pas !), et ils vécurent tranquillement un ou deux siècles à l'abri de leurs murailles, exploitant les terres de la plaine, élevant du bétail et faisant du commerce en particulier avec Marseille : on a retrouvé de nombreuses poteries en provenant. Les Romains occupent les lieux au début du 1er siècle avant Jésus-Christ, et renforcent le système défensif. Une nouvelle enceinte est construite, dont subsiste une tour ronde haute encore de huit mètres.

La ville romaine se développe ensuite, avec ses bâtiments publics, son forum et sa basilique. Son rôle économique est important car elle est située à un véritable nœud de voies de communications : à proximité de l'axe rhodanien très utilisé, par le fleuve et par les voies qui le longeaient, au confluent des vallées de la Cèze et de la Tave et pas très loin de la « voie des Voconces » qui reliait Nîmes à Vaison-la-Romaine. Ce rôle commercial est bien attesté par les nombreux débris d'amphores et de vaisselle originaires de l'Orient et de la Mauritanie qui ont été retrouvés sur le site. Cette petite capitale régionale a déjà livré beaucoup de ses secrets, mais pas encore celui de son nom, ce qui la condamne à rester encore, pour longtemps peut-être, le « Camp de César ».

Site archéologique du Camp de César. Photo G.B.

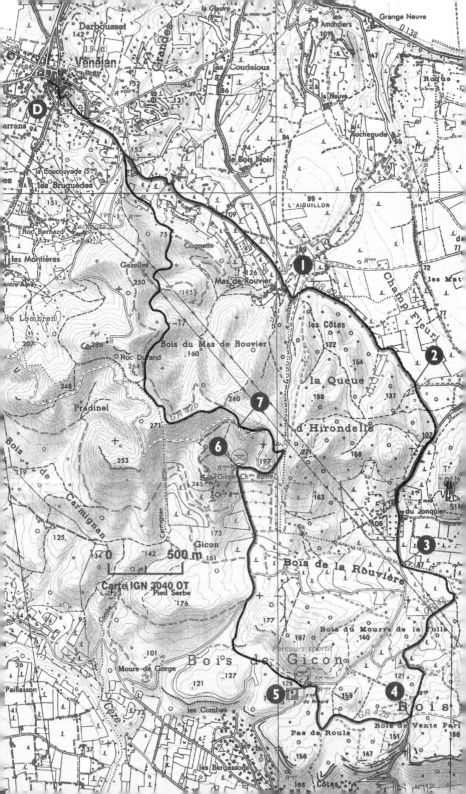

Les collines rhôdaniennes

 **Fiche pratique** **31**

De château en château, une promenade sous les pins, dans les contreforts calcaires du Rhône, avec de belles vues sur les vallées du Rhône et de la Cèze.

3 h 30
12 Km

 270 m
80 m

D Devant la mairie, prendre la Grand'Rue. Après l'église, prendre l'escalier à droite et continuer tout droit, puis monter à gauche à travers le jardin public pour arriver devant la chapelle. Continuer sur la droite et traverser le plateau menant à la patte d'oie par le chemin de Fontfroide. Avancer tout droit par le pied des collines.

❶ Suivre la piste à gauche, toujours au pied des collines.

❷ Au croisement, continuer en face dans l'alignement du château de Jonquier. A la cote 102, s'engager à droite sur une route.

❸ Quitter la route, prendre à gauche un chemin qui longe le lit à sec d'une rivière. Le chemin devient goudronné et monte. Dans les vignes, emprunter le chemin à gauche qui mène dans la colline. Près d'un réservoir vert, partir à droite sur un chemin sablonneux.

❹ Quitter le GR® 42 pour prendre le GR® 42B, le second chemin à droite. A l'intersection, aller encore à droite. Suivre le chemin qui descend et débouche sur un chemin goudronné près de la Fontaine du Renard.

❺ Prendre à droite un chemin qui traverse un parcours de santé puis descend. Ensuite, aller à droite, puis poursuivre sur le chemin goudronné qui passe devant le vignoble de Chusclan jusqu'à l'abri de la ferme de Gicon.

❻ Continuer à droite sur le chemin. Au croisement, aller tout droit. A l'intersection, monter à gauche sur 250 m. Laisser un chemin à gauche. Plus loin, emprunter le sentier caillouteux qui monte à gauche.

❼ Avant le château, prendre en face le chemin qui monte et emprunter un sentier à gauche dans la garrigue qui mène au col. Rester sur ce sentier qui redescend, passe sous une ligne à haute tension, puis s'élargit. Descendre à la patte d'oie et regagner Vénéjan par l'itinéraire aller.

Situation Vénéjan, à 6 km au Nord-Est de Bagnols-sur-Cèze par les N 86 et D 148

 Parking près de la mairie

 Balisage blanc-rouge et jaune

 Difficulté particulière

■ éviter les périodes de forte chaleur, les jours de mistral et les jours de chasse

Ne pas oublier

À voir

 **En chemin**

■ Vénéjan ■ Château de Jonquier ■ Belvédère de la Dent de Marcoule (informations sur l'énergie atomique) ■ Parcours santé

Dans la région

■ Bagnols-sur-Cèze : musée Albert-André, musée archéologique Léon-Alègre, ruelles 13e ■ Gaujac : oppidum celtique et gallo-romain ■ Chusclan : village pittoresque ■ Ancien château de Maransan

La soie dans la plaine

On a dit souvent que la soie fit la fortune des Cévennes. Mais elle fit également la fortune de la plaine, du « pays bas ». Alors qu'en montagne, c'est pratiquement toute la population qui « éduquait « le ver à soie, chaque maison étant rehaussée pour héberger le « magnan « (nom occitan du ver à soie), chaque terrasse arrosable plantée de mûriers, dans la plaine, cette culture se fit de façon beaucoup plus industrielle. Paysans aisés et même citadins, investirent dans d'immenses bâtiments à plusieurs étages, avec des fenêtres nombreuses et petites, avec des cheminées intégrées dans les murs : les magnaneries. Les mûriers étaient plantés la plupart du temps en bordure des parcelles et des chemins. La production de chaque unité était sans commune mesure avec celles de la montagne. Alors qu'en Cévennes chaque producteur « éduquait « les vers nés d'une once de graines, c'est-à-dire à peu près 25 grammes d'œufs de Bombyx, dans la plaine, la production était souvent dix fois plus importante. Il fallait deux tonnes de feuilles de mûriers pour nourrir une « chambrée » cévenole, il en fallait vingt dans la plaine. Tout cela était d'une gestion assez complexe, et c'est pourquoi on faisait souvent appel aux Cévenols de la montagne, qui avait acquis une grande réputation dans cette activité, pour diriger l'élevage de plaine « à moitié » (moitié des bénéfices pour celui qui fournissait bâtiments, feuilles et graines, moitié pour celui qui faisait le travail et en avait la responsabilité). Et le Cévenol avait encore le temps, grâce au décalage climatique, de remonter dans sa montagne pour terminer son propre élevage, que son épouse avait commencé, au moment où celui-ci demandait le plus de main-d'œuvre !

Cavalier et les Camisards

De 1702 à 1704, la plaine du Bas-Languedoc, depuis les chaînons des Cévennes à l'ouest, jusqu'à la région d'Uzès à l'est, a été le champ d'action de Jean Cavalier et de ses Camisards. L'ancien mitron sut devenir à 22 ans le chef incontesté de la plus forte des troupes camisardes et la terreur des Catholiques et des troupes royales. Ce soulèvement était l'expression d'une jeunesse protestante qui n'avait jamais pu pratiquer librement sa foi, et qui était tellement opprimée que même une mort à peu près assurée lui semblait préférable à une vie de soumission. Exerçant en vertu de son « inspiration » divine un énorme ascendant sur ses troupes, Cavalier compris que s'il menait une guerre classique, il allait à l'échec. Il mena donc une guerre d'embuscade, de guérilla avant la lettre, et parvint même à infliger une défaite sanglante aux meilleures troupes de l'armée royale : les bataillons de la marine, à Martignargues. Cette défaite coûta son poste au commandant en chef, le maréchal de Montrevel, qui arriva toutefois, avant de quitter la province, à prendre la troupe de Cavalier dans un formidable étau de plusieurs milliers de soldats à Nages (en Vaunage), puis à découvrir ses magasins et hôpitaux des grottes d'Euzet. Ces deux coups successifs incitèrent Cavalier à négocier avec le maréchal de Villars, successeur de Montrevel, et à accepter de déposer les armes. Seuls, cent de ses compagnons d'armes acceptèrent de partir avec lui, le reste de sa troupe refusant de se rendre. La révolte durera ainsi encore quelques mois, mais la mort de Rolland, le chef camisard le plus important après Cavalier, entraînera bientôt la reddition de presque tous les « fous de Dieu ».

Cavalier, après avoir gagné la Suisse se met au service du roi de Savoie avec le grade de colonel, puis au service de l'Angleterre. Il finira ses jours comme général de brigade et lieutenant-gouverneur de l'île de Jersey. Belle promotion pour un petit mitron languedocien ! Il mourra en 1740 à Chelsea, l'un des rares Camisards à finir dans son lit.

L'ancêtre de l'AOC Côtes-du-Rhône

Il y a plus de 250 ans existait déjà, pour la région de Roquemaure (comprenant entre autres les communes de Tavel, Lirac et Chusclan aujourd'hui encore productrices de vins réputés), ce que l'on peut considérer comme un réglement précurseur des « AOC ». Le vin de ce terroir était commercialisé dans des futailles appelées « tavels », de contenance spéciale (228 litres environ), et gravées au fer rouge de la marque CDR signifiant Côte-du-Rhône, avec le lieu d'origine. Il était rigoureusement interdit d'importer tout vin étranger dans ce territoire et les contrevenants étaient passibles de fortes amendes. En 1864, l'emploi du pluriel « Côtes-du-Rhône » se généralisera, s'étendant à toute la vallée du Rhône, et faisant perdre du même coup toute appellation spécifique aux excellents vins de la région de Roquemaure.

Vignoble. *Photo G.B.*

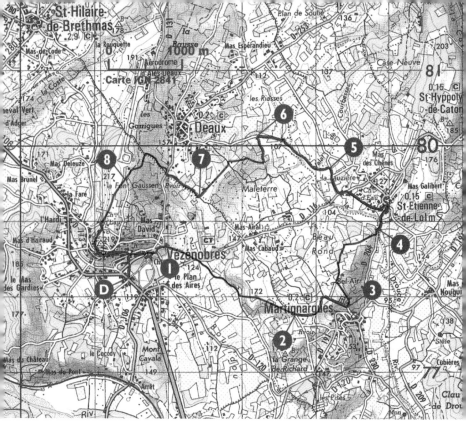

Vézénobres

Village médiéval perché à flanc de coteau, Vézénobres conserve de son passé féodal un vertigineux pan de mur de son château (démoli pendant les guerres de Religion), et une porte fortifiée de son enceinte, la porte Sabran. Un ensemble de maisons du 13e siècle, la « Rue des Maisons romanes » permet d'imaginer ce qu'était le village à cette époque. De ruelle en ruelle, on peut aller jusqu'à la maison de Lacombe, oncle de Jean Cavalier, chez qui il fut « goujat » (apprenti berger) avant de devenir le chef camisard que l'on connaît. De certains points du village,

Vézénobre. *Photo CDT 30.*

on a vue sur le château plus récent construit au pied du village au 18e siècle par le marquis de Calvière, seigneur de Vézénobres.

La Droude

Au cœur des collines de la Gardonnenque, découvrez les ruelles ombragées des villages de la Droude et les trésors cachés de Vézénobres, village perché au charme médiéval.

D Monter à l'église. Descendre à droite sur 100 m une rue pavée, monter à gauche la ruelle du Prieuré, passer sous l'arche, partir à droite et gagner le rond-point.

1 Prendre la D 131 sur 50 m, puis à droite un chemin carrossable. Couper la D 116, faire 50 m, suivre à droite un chemin encaissé entre les vignes. Franchir un ru. A la patte d'oie, partir à gauche, puis grimper à gauche un sentier escarpé. Aller tout droit sur le plateau, passer sous une ligne électrique et devant une capitelle.

2 A la borne GDF, partir à gauche. Au croisement, virer au Nord, contourner la Grande Muraille, descendre la route.

3 Après le cimetière, prendre la route à gauche. A la route, aller à droite. Traverser un bois. Tourner à droite à l'angle d'une vigne. La longer. Au bout, prendre à gauche une trace qui descend. Surplomber et suivre la D 204.

4 Après le pont, gagner Saint-Etienne-de-l'Olm. Bifurquer sur la route trois fois à gauche. Franchir un petit pont, tourner à droite sur un chemin carrossable.

5 Emprunter un chemin qui longe la rive gauche de la Droude. Passer le pont et trouver une route.

6 Prendre à gauche le premier bon chemin. Passer la capitelle, faire 50 m et grimper à droite un sentier étroit et caillouteux. Sur le plateau le chemin s'améliore (*bien suivre le balisage*). Passer à gauche d'une maison.

7 Amorcer la descente. Suivre la D 131 à droite sur 50 m, bifurquer à gauche sur un sentier caillouteux qui monte dans les murets. A la patte d'oie, partir à gauche. Longer un mur en pierres sèches.

8 Au carrefour, laisser à gauche le chemin évident, s'engager à droite sur un sentier qui débouche aux premières maisons de Vézénobres. Emprunter le chemin de Catarusse, puis à gauche le chemin de Patefine. Passer la table d'orientation, suivre le chemin des Remparts, des Hauts-Plans, gagner le bourg. Descendre les escaliers, passer la mairie, la porte Sabran et rejoindre le parking.

4 h
13 Km

219 m
98 m

Situation Vézénobres, à 10 km au Sud d'Alès par la N 106

Parking champ de foire

Balisage jaune

Difficultés particulières

■ éviter les jours de fort mistral ■ pont submersible sur la Droube avant **4**

Ne pas oublier

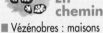

À voir

En chemin

■ Vézénobres : maisons romanes, maison d'Adam et Eve, maison de l'oncle de Cavalier ■ Ruines du château de Fay-Pérault ■ Eglise de Martignargues ■ Saint-Etienne-de-l'Olm ■ Val de la Droude

Dans la région

■ Brignon : vieux village ordonné autour de l'ancien château 10e ■ Ners : tour de guet, château 12e ■ Châteaux de Castelnau-Valence et de Ribaute-les-Tavernes

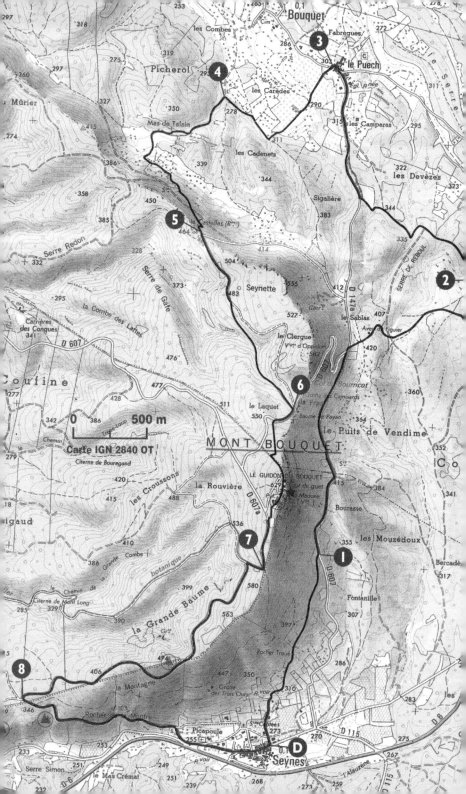

Le mont Bouquet

A quinze minutes d'Alès, une balade dans un écrin de nature boisée de chênes verts, autour du Guidon du Bouquet qui offre, des Cévennes au Ventoux, le panorama le plus somptueux sur l'étendue des garrigues.

Situation Seynes, à 19 km à l'Est d'Alès par la D 6

Parking devant le transformateur

Balisage jaune

Ⓓ Traverser la D 115 et monter en face l'ancien chemin du Bouquet. Il s'engage à droite derrière la villa Chabrol.

❶ Monter à gauche la D 607. Quand la route amorce la montée du col du Bourricot, descendre la piste à droite. Elle se ravine et rend difficile la descente. Prendre à gauche un chemin plus facile.

Difficulté particulière
■ éviter les jours de fort mistral et les jours de chasse

❷ A la première patte d'oie, descendre à gauche. Bifurquer à droite sur la route plein Nord.

Ne pas oublier

❸ A la sortie du Puech (eau), descendre à gauche une route, passer devant un vieux puits, puis continuer tout droit. Le chemin se transforme en sente très escarpée et sinueuse. Au bout de la sente, emprunter à droite un chemin plus large.

❹ Tourner à gauche sur un sentier qui longe un ru. Gagner les ruines de Talain. Passer devant le mas et bifurquer à gauche vers le Castellas. Le sentier escarpé grimpe vers le château. Après deux sources, couper une piste forestière et prendre en face pour continuer la montée.

À voir

En chemin

■ Seynes : présence préhistorique (grotte des Trois-Ours), ancien moulin ■ Statue de la Mère admirable ■ Castellas médiéval 12e ■ Grotte des Camisards et baume du Payan ■ Vestiges de l'oppidum du Clergue ■ Panorama du Guidon du Bouquet ■ Plusieurs avens dont celui du Figuier

❺ Passer le Castellas, continuer la piste vers le Guidon du Bouquet. Perdre de vue le Castellas, boucler un virage prononcé, quitter la piste et descendre à droite une sente escarpée. Elle remonte et débouche sur la D 607, au col du Bourricot.

❻ La suivre sur 300 m à droite. Bifurquer à gauche sur un sentier qui monte en sous-bois au sommet. Passer devant la chapelle, amorcer la descente plein Sud en longeant le terrain de décollage des parapentes.

❼ Descendre à droite une piste très caillouteuse sur 150 m. Bifurquer à gauche plein Ouest sur une piste sur 2 km. Passer deux énormes cubes en béton.

Dans la région

■ Suzon : hameau, oppidum romain ■ Cascades et marmites des Grandes et Petites Aiguières ■ Temple de Bouquet ■ Dolmen et grottes du Rédalet

❽ Virer à gauche sur un ancien chemin qui descend à flanc de falaise à Seynes. Passer le cimetière et regagner le parking.

Le mont Bouquet

Fleurs de garrigue. *Photo G.B.*

Le massif calcaire du mont Bouquet, en pente douce à l'ouest et en à-pic à l'est et au sud s'élève à 630 mètres, point culminant des hauteurs qui séparent la vallée du Gardon de celle de la Cèze.

Ce site défensif naturel a été utilisé dès la plus haute antiquité, comme en témoignent les restes d'enceintes néolithiques et d'oppida tels un des multiples « Camps de César » du midi de la France. L'occupation romaine laisse de nombreuses traces disséminées sur le massif, et des témoignages de l'implantation sarrasine auraient même été trouvés récemment.

Au Moyen Age, le château de Bouquet devait servir de refuge aux populations environnantes, et aux nombreux prêtres et moines des établissements religieux des alentours.

Le massif du Bouquet, couvert d'une épaisse végétation de chênes verts, truffé de grottes, était une forteresse inexpugnable, un sanctuaire dirions-nous aujourd'hui, pour les troupes camisardes de Cavalier (on retrouve d'ailleurs une « grotte des camisards » à l'est du massif), et même plus récemment, un opposant au coup d'état de Louis-Napoléon Bonaparte, Louis Félines, de Vézénobres. Il y resta caché de nombreuses années. Ignorant même qu'il avait été amnistié en 1856, et revint à la vie civilisée seulement en 1858.

Jusqu'à l'exploitation du charbon, les épaisses forêts de chênes verts fournissaient le combustible aux fours des « gentilshommes verriers » protestants, qui avaient le privilège d'être « ouvriers » sans perdre leur titre de noblesse. Ceux-ci étaient itinérants : quand ils avaient épuisé la forêt dans un lieu, ils cherchaient un autre endroit à exploiter.

Au sommet du Bouquet, une statue de la Vierge, la « Mère admirable » a été installée en 1864. Détruite par un orage, elle fut remplacée par une autre plus solide en 1866. Lors de son inauguration, afin de donner plus d'éclat à la cérémonie, on décida de tirer des coups avec un canon hissé tant bien que mal au sommet. Le canon explosa, mais les débris, projetés aux alentours, ne firent aucun blessé, ce qui fut qualifié de « miraculeux » par les organisateurs ! Le site est devenu depuis un lieu de pèlerinage, qui réunit encore quelques dizaines de personnes en mai et en septembre.

Belvézet

*L*e Mas-de-l'Ancienne-Église évoque pour nous l'une des scènes les plus terribles de la guerre des camisards. Belvézet était un éperon catholique enfoncé en plein pays protestant. Une « compagnie de bourgeoisie » y résidait, mais était absente quand arrivèrent les Camisards. Laissons parler l'un des témoins du drame, Jeanne Autonne, fille de Marc de Belvézet, âgée de dix-huit ans : » Après avoir lavé ses bas [elle] s'en retourna, elle vit arriver du côté de la Baume les fanatiques armés de fusils, de fourches, de faux, de haches à deux tranchants. Il y en avait plus de quarante qui n'avaient point d'armes, ils avaient six tambours et trois musettes ; on commença de battre la caisse entre les rochers et de jouer de la musette, ils dansaient en marchant avant que d'entrer dans Belvézet. Ils se mirent à genoux par rangs de quatre, leurs trois chefs étaient debout et prêchèrent pendant un moment tous trois à la fois, et on chanta un psaume…

Les trois chefs l'abordèrent et lui demandèrent où était le cabaret, voulant dire la maison de Joseph Richard qui servait de corps de garde à la bourgeoisie. Elle leur dit qu'elle ne la savait pas et quelle n'était pas du lieu ; celui qui portait le plumet rouge l'appela garce et lui demanda : qui est ton maître ?… Le même lui commanda de se mettre à genoux et de prier Dieu, ce qu'elle fit, et on la laissa au bord du ruisseau, et de là elle vit mettre le feu dans toutes les maisons des anciens catholiques, d'une bûche qu'on avait pris chez Joseph Richard, et après avoir mis le feu aux maisons, ils allèrent mettre le feu à l'église. Le bruit des incendies ou la peur qu'elle avait l'empêcha d'entendre les coups de fusils, elle

L'ancienne église. *Photo G.B.*

entendit pourtant les femmes qui criaient miséricorde et quelqu'un de la troupe qui défendait de ne pas gâter la poudre… Ils sortirent du village en dansant le tambour battant, en jouant des musettes. Ils demeurèrent bien environ deux heures dans le lieu, et ont tué seize personnes, ayant vu son maître et sa maîtresse morts des coups de fusils ».

Quel contraste entre la sauvagerie de tels faits, confirmés par plusieurs témoignages retrouvés aux archives de l'Hérault, et la douceur du paysage et du climat de « l'échancrure » de Belvézet ?

Le Mas-de-l'Ancienne-Eglise — Fiche pratique 34

Cette balade, à programmer à l'arrière-saison, entre plateaux et combes, emprunte des sentiers fréquentés, jadis, par les troupes de camisards. Elle permet de découvrir de jolis hameaux cachés.

D Suivre plein Sud une piste carrossable. A la première patte d'oie, descendre à gauche ; à la seconde, grimper à droite par une sente escarpée et rocailleuse sur l'ancien chemin d'Uzès.

➊ Sur le plateau, prendre à droite une piste forestière qui longe la combe de Belvézet (*point de vue*). A l'intersection suivante, partir à droite ; à la seconde bifurcation, s'engager à gauche.

➋ Au croisement, continuer tout droit et retrouver une meilleure piste. La suivre à droite. Au col, descendre à droite vers le bassin de l'Uzège. En bas de la descente très caillouteuse, tourner à droite en laissant sur la gauche un champ. A la seconde intersection, virer à gauche et retrouver une petite route qui mène à Saint-Médiers.

➌ A l'entrée du village (*eau*), prendre à droite un chemin, une rue, un chemin. Emprunter une sente en sous-bois qui longe un mur de soutènement, puis passe devant un vieux puits. Au pont, tourner à droite vers La Baume (*eau*).

➍ Prendre la Traverse-des-Jardins, la place des Quatre-Coins, puis monter à gauche par la ruelle de la Calade qui passe sous une arche. Suivre la route qui monte régulièrement, puis continuer tout droit sur la piste carrossable.

➎ Au niveau de Foussargues, partir à droite sur une sente qui serpente en bas du coteau.

➏ S'engager à droite et rester dans le fond de la combe de Pousselargues. A la première intersection, à la sortie de la combe, aller à droite.

➐ Monter à gauche par un chemin escarpé et caillouteux qui file plein Est à travers les garrigues basses et une pinède très claire. Rester sur le chemin principal.

➑ Franchir le gué. A la cote 164, trouver une route et regagner Le Mas-de-l'Ancienne-Eglise.

4 h • 13 Km   265 m / 123 m

Situation Mas-de-l'Ancienne-Eglise (commune de Belvézet), à 15 km au Nord d'Uzès par les D 979 et D 218

 Parking place de l'Ancienne-Eglise

 Balisage jaune

 Difficultés particulières

■ éviter les chaleurs de l'été et les jours de chasse
■ descente entre ➋ et ➌
■ gué entre ➑ et **D**

Ne pas oublier

À voir

 En chemin

■ Saint-Médiers : tour ruinée, ruelles, borne d'interdiction de chasse (sortie du village)
■ La Baume

Dans la région

■ Belvézet : castellas, ancienne mine, ancien four à chaux ■ Combe des Seynes et gour de Conque

La nature des garrigues

Présenter sommairement la flore et la faune des garrigues est un exercice difficile tant est riche cette région. Cette richesse peut se traduire par quelques chiffres : la flore est composée d'au moins 700 espèces dont 60 protégées sur le plan national et régional. La faune des garrigues est tout aussi importante : chez les vertébrés, cette faune comprend plus de 50 espèces de mammifères dont 15 de chauve-souris, plus de 115 espèces d'oiseaux nicheurs (recensés par le Centre ornithologique du Gard), dont les 3/4 sont protégées et 5 espèces inscrites à la « directive espèce » de l'Union européenne, sans oublier 21 espèces de reptiles et de batraciens. Chez les rares invertébrés connus, il faut noter 53 espèces d'odonates (appelés aussi libellules) sur les 97 recensées en France, plus de 100 papillons diurnes, mais aussi des scorpions, araignées, phasmes…

Du pré-celtique Garric (l'arbre du rocher, le chêne vert) la garrigue est une formation végétale, sur sol calcaire, adaptée au climat chaud et sec. Elle est constituée d'une mosaïque de milieux : entre les plaques où le rocher affleure nu (provenant de la dégradation anthropogène de la forêt primitive de chênes verts), les pelouses à brachypode rameux, à thym, à cistes côtoient les landes des ligneux bas (chêne kermès)

parsemés de ligneux hauts comme le pin d'Alep, le chêne vert et le chêne pubescent.

Ces trois essences sont bien représentées dans les garrigues gardoises. Le pin d'Alep est présent à l'ouest du département autour de Sommières et Sauve sur des calcaires marneux. Son sous-bois est riche d'une flore buissonnante. Seules les mésanges vont et viennent au sommet des arbres qui abritent les nids des chenilles processionnaires, qui dès les beaux jours se déplacent au sol en longues colonnes, guidées par un fil de soie.

Si l'amplitude écologique du chêne vert (yeusaie) lui permet d'être présent partout dans le département du Gard, c'est surtout dans le sud que la garrigue basse à chêne vert (jusqu'à 5m de hauteur) est fortement représentée. Cette garrigue est accompagnée d'une flore à feuilles persistantes (sempervirent), le filaria, le viornetin, l'alaterne, le pistachier lentisque et d'un cortège de lianes qui persistent dans les milieux ouverts : le chèvrefeuille, la salsepareille, la garance voyageuse… C'est ici le domaine d'oiseaux discrets, chanteurs émérites qui aux heures les plus fraîches de la journée répètent inlassa-

Asphodèle d'été. *Dessin N.L.*

blement leurs strophes : les fauvettes à tête noire, mélanocéphale, passerinette, mais aussi le pouillot de Bonelli. Concernant les papillons, le jason ou pacha à deux queues trouve autour de l'arbousier sa seule plante hôte (indispensable pour le développement de sa chenille).

Vautour percnoptère. *Dessin P.R.*

Plus au nord, autour de Sabran et de la Valbonne, le chêne pubescent, grâce à des sols plus profonds et plus riches en eau remplace le chêne vert. Son association floristique est riche d'arbres à feuilles caduques (qui perd ses feuilles en hiver). L'avifaune est plus éclectique et la présence du gobe-mouche gris et du rouge-queue à front blanc annoncent les peuplements de la France continentale. En sous-bois, il faut noter la présence du plus grand mammifère des garrigues gardoises, le chevreuil.

Impossible de passer sous silence les landes basses à chênes kermès. Elles occupent de très vastes étendues dans les garrigues gardoises. Cette strate arbustive est occupée surtout par la fauvette pitchou ainsi que par des colonies lâches de busards cendrés. Les papillons sont nombreux et particulièrement la famille des lycènes, théclas, azurés, nombreux petits papillons bleus qui volètent de serpolet en sainfoin.

Les pelouses sèches accueillent l'essentiel des orchidées et abritent un visiteur d'été élégant aux lignes de bergeronnette : le pipit rousseline, petit passereau « terrestre » aux couleurs fauves qui fuit l'observateur curieux en courant avec vivacité, sur le sol nu…

On ne peut terminer cette présentation succincte sans évoquer les falaises, refuge de nombreuses espèces remarquables. Les grands rapaces, bien sûr, comme l'aigle de Bonelli, le vautour percnoptère, mais aussi le seigneur des nuits, le hibou grand-duc. Nombre de petits passereaux sont aussi présents sur ces parois calcaires, comme le merle bleu en été et le tichodrome échelette, petit oiseau rouge et noir qui volète, en hiver, de crevasse en crevasse tel un papillon en quête de sa nourriture.

Chêne kermès. *Photo F. de R.*

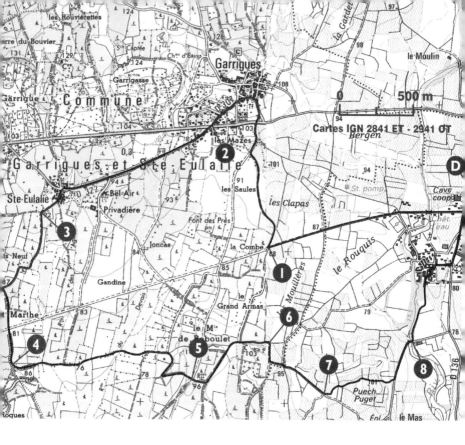

« Les collines de Bourdic »

Les premières coopératives agricoles sont apparues en France au 19e siècle : ce sont les « fruitières » du Jura et des Alpes. Il faut attendre le début du 20e siècle pour que les coopératives s'installent dans le secteur viticole, et c'est surtout entre les deux guerres mondiales que leur développement sera remarquable.

Créée en 1928, la Société coopérative agricole « Les collines de Bourdic » est la plus importante cave vinicole du Gard, avec une production de 130 000 hectolitres par an. Au cœur de l'Uzège, ses 1 700 hectares profitent d'un ensoleillement maximum, et une politique avisée de choix de cépages permet d'obtenir des vins de cépage et des vins de

Pigeonnier de Garrigues. *Photo G.B.*

pays renommés, que de nombreuses médailles récompensent régulièrement lors des concours régionaux et nationaux.

Entre vignobles et collines  **Fiche pratique** **35**

3 h
10,5 Km

105 m
75 m

Au cœur du vignoble de la plaine de Saint-Chaptes, une balade familiale à découvrir en automne quand les vignes se parent de mille couleurs, reflet de cépages différents.

Situation Bourdic, à 9 km à l'Ouest d'Uzès par les D 982 et D 136

 Parking cave-coopérative

① Aller vers Bourdic. Au croisement, suivre à droite la route de Saint-Chaptes. Après le stade, poursuivre sur le chemin et passer un croisement.

❶ Bifurquer à droite sur une piste carrossable vers Garrigues visible droit devant. A la route, prendre à droite. Traverser la D 982 (*prudence*) et s'engager rue du Pigeonnier. Contourner ce dernier, passer devant l'école et descendre doucement à gauche l'avenue Frédéric-Mistral.

 Balisage jaune

 Difficultés particulières

■ traversée de la D 982 entre ❶ et ❷ puis ❷ et ❸ ■ éviter les fortes chaleurs de l'été et les jours de fort mistral

❷ Couper à nouveau la D 982 (*prudence*). Suivre la rue de la Légalité et gagner Sainte-Eulalie. Tourner à gauche, prendre l'avenue de Roumieu puis le chemin des Mûriers. Poursuivre le chemin sur 150 m jusqu'à une intersection.

❸ Prendre à gauche plein Sud. A la première grande intersection (cote 87), tourner à gauche, puis couper la route *Bourdic-Saint-Chaptes*.

Ne pas oublier

❹ A la souche de bois mort, bifurquer à gauche. A l'intersection suivante, aller tout droit. Franchir la roubine du Devois, partir à droite, puis monter à droite. Tourner à gauche vers une ruine perchée sur la colline.

❺ Passer au Nord de la ruine (cote 96), puis partir à gauche. A la seconde intersection avant le point coté 103, s'engager en face sur un sentier plus étroit.

 **À voir**

❻ Aller tout droit et rester sur la piste principale.

En chemin

■ Garrigues : ruelles
■ Sainte-Eulalie : chapelle 12e ■ Bourdic : ruelles

❼ A la ligne téléphonique, quitter le chemin principal et monter à gauche sur quelques mètres dans une vigne. Retrouver le chemin (dalle de pierre). Laisser sur la droite une ruine, puis descendre à la route. La prendre à gauche.

Dans la région

■ Uzès : ville épiscopale, château, place aux Herbes ceinturée d'arcades, crypte 2e, tour Fenestrelle, hôtels particuliers 18e ■ « Vigères » de Saint-Chaptes ■ Plaine du Mas de Caze : nombreuses espèces d'oiseaux

❽ Après le pont, s'engager à gauche sous la ripisylve par un chemin herbeux. Traverser Bourdic par la rue du Barry à droite, la rue du Midi à gauche, la Grande-Rue à droite puis à gauche et la rue du 19-mars-1962. Rejoindre la D 136. La suivre à gauche pour rejoindre la cave-coopérative.

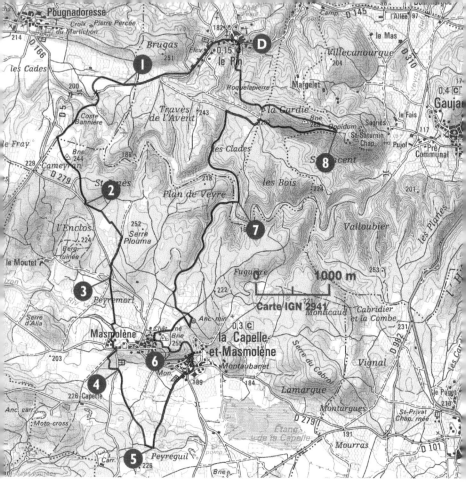

Le site préhistorique de Masmolène

Un site préhistorique important faillit disparaître dans l'exploitation d'une carrière de grès au lieu-dit le Petit Coucouillon. Des fonds de cabanes occupées par les agriculteurs de la fin du néolithique (vers 2 500 av. J.-C., groupe de Fontbouïsse), s'agglomèraient sur cette colline auprès d'une grotte citerne. Ces fonds de cabanes, où furent retrouvées de nombreuses poteries, furent déplacés après une fouille de sauvetage, et implantés pas très loin de là, dans un enclos mégalithique (formé de gros blocs de pierre) formant une enceinte rectangulaire. Un livret historique est disponible à la mairie du Pin.

La Capelle Masmolène. *Photo CDT 30.*

Le chemin de Masmolène

Les vestiges gallo-romains, un ancien chemin de Saint-Jacques-de-Compostelle, la route du Sel et la guerre de Cent Ans, c'est une grande promenade dans l'histoire du Languedoc à découvrir.

280 m
150 m

Situation Le Pin, à 13 km au Sud-Ouest de Bagnols-sur-Cèze par la D 5

D Derrière l'église, prendre rue de la Forge, place de la Vignasse, chemin des Prés. Couper la D 5. S'engager en face sur un sentier qui la rejoint.

 Parking autour de l'église

❶ Suivre à droite le chemin, s'enfoncer à gauche dans la garrigue. Couper la D 5 au pont, puis tourner à droite.

 Balisage jaune

❷ Faire 30 m sur la D 279, puis partir à gauche. Aux arbres fruitiers, tourner à gauche, puis continuer jusqu'à couper à nouveau la route.

 Difficulté particulière

■ éviter l'été

❸ Continuer tout droit, en longeant le mur. Franchir l'Alzon. Partir à droite, puis à gauche. Au sommet, aller à gauche, descendre au lavoir. Prendre le chemin de la Fontanelle.

Ne pas oublier

❹ Aller tout droit en direction du bois, puis prendre à gauche le sentier sablonneux. Continuer jusqu'à la sortie du bois.

❺ Continuer tout droit. A La Capelle, longer le château. Au bout de la place de l'Eglise, suivre la rue Hélias-de-Saint-Irieix, traverser la place de la Fontaine et la place de l'Evêque-d'Uzès.

À voir

❻ Prendre à droite, puis deux fois à gauche. Suivre un itinéraire «E», bien suivre les flèches qui mène à une chapelle. Par une brèche du mur d'enceinte, couper une route et continuer en longeant les maisons. Puis, au bout du champ, prendre une sente à droite. Après un moulin en ruine, tourner à gauche et, après environ 2 km, franchir un ruisseau.

En chemin

■ Etang de la Capelle
■ Rochers de la Baume
■ Chapelle de Masmolène
■ Oppidum

❼ Longer le ruisseau. A la clairière, aller à droite. Au croisement, partir à droite. En haut du chemin, tourner à gauche, descendre sur 100 m. Descendre à droite, suivre la sente à gauche.

Dans la région

■ Saint-Quentin-la-Poterie : ateliers de poterie et de céramique ■ Gaujac : chapelle Saint-Saturnin

❽ Descendre le chemin bétonné sur 50 m. Grimper à gauche vers la Tour de Gardie. Au troisième croisement, prendre à droite un sentier. Il descend dans la garrigue. Au carrefour en T, aller à droite. Franchir le vallon, monter au lavoir. Prendre la rue Carrière-Basse qui ramène à l'église.

■ Vignoble de Tavel
■ Châteaux de Pouzilhac 14e, de Pougnadoresse 12e, de Cavillargues 12e et de Vallabrix 13e

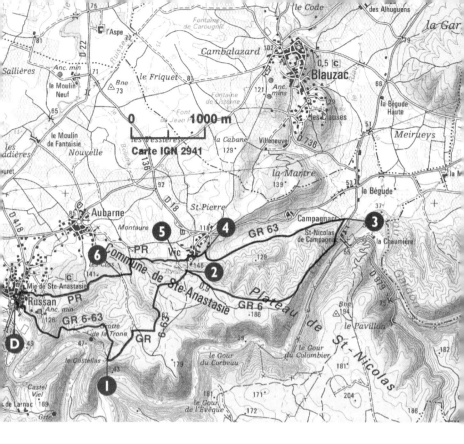

Les gorges du Gardon

Entre Russan et Collias, le Gardon s'enfonce dans le plateau calcaire couvert par la garrigue. Ces gorges très sauvages et difficilement accessibles sont une merveille et recèlent des richesses de tous ordres. Richesses naturelles de la flore et de la faune. Richesses de l'occupation humaine : abris sous roche et grottes ornées témoignent de la vie à l'époque préhistorique ; les oppida perchés sur les rebords ont parfois été remplacés par des forteresses au Moyen Age. Au centre des gorges est campé le prieuré de Saint-Nicolas-de-Campagnac et son splendide pont. Les chapelles et ermitages, barrages et moulins s'égrènent tout au long de ces gorges, chaque méandre ou presque réservant un nouvel émerveillement.

Vue sur les gorges du Gardon, au loin, le pont de Saint-Nicolas-de-Campagnac.
Photo D.G.

Les gorges du Gardon

C'est à Russan que le Gard quitte sa large vallée alluviale pour traverser les garrigues de Nîmes, dans un canyon étroit et sauvage long de 29 km, aux méandres encaissés où les eaux disparaissent l'été.

4 h
12,5 Km

185 m
55 m

Situation Russan (commune de Sainte-Anastasie), à 15 km au Nord de Nîmes par les N 106 et D 418

Parking place du village

Ⓓ (*Russan*) Monter par la Grand-Rue. A la première intersection, aller tout droit ; à la seconde, à droite sur 100 m, puis à gauche. Grimper jusqu'au chemin de crête au-dessus du village que l'on traverse pour s'engager dans une combe par une sente qui ensuite grimpe jusqu'à l'éperon rocheux du Castellas (*ruines ; point de vue*).

Petit-duc scops.
Dessin P.R.

Balisage
Ⓓ à ❺ blanc-rouge
❺ à Ⓓ jaune

❶ (*Le Castellas*) Prendre vers le Nord-Est la piste DFCI.

❷ (*Les Garrigues*) Quitter la piste qui se poursuit à gauche vers Vic, pour prendre à droite le sentier qui remonte vers le plateau, puis serpente en corniche jusqu'au pont Saint-Nicolas. Laisser la tour de Saint-Nicolas-de-Campagnac sur la droite. S'engager dans le pré en contre-bas, le traverser en diagonale en évitant de rejoindre la route.

Difficultés particulières

■ éviter les chaleurs de l'été, les jours de fort mistral et les jours de chasse ■ ruines du Castellas dangereuses entre Ⓓ et ❶ ■ passages en corniche entre ❷ et ❸

❸ (*Pont Saint-Nicolas*) Emprunter le chemin carrossable qui part à gauche vers Vic.

❹ Juste avant la route, grimper à gauche par une sente pentue qui amène dans Vic. En haut du sentier, aller à gauche, passer sous le porche, devant l'église. S'engager dans la rue de l'Eglise.

Ne pas oublier

❺ (*Le Réservoir*) Juste avant l'amorce d'un virage à gauche prononcé, poursuivre tout droit dans un sentier bordé de buis sur 600 m. S'engager à gauche dans un thalweg étroit sur un chemin herbeux et carrossable sur 150 m. A l'orée d'une clairière, grimper à droite sur un sentier caillouteux très pentu.

 À voir

En chemin

■ Oppidum du Castellas ■ Grotte de Latrône ■ Saint-Nicolas-de-Campagnac : prieuré 12e, pont 13e ■ Ruelles de Vic

❻ (*Les Clos*) A l'intersection avec la piste carrossable, continuer tout droit jusqu'aux premières maisons de Russan. Traverser une petite route. Emprunter le sentier en face qui ramène à Russan.

Dans la région

■ Dions : gouffre des Espelugues, château des Buissières 15e

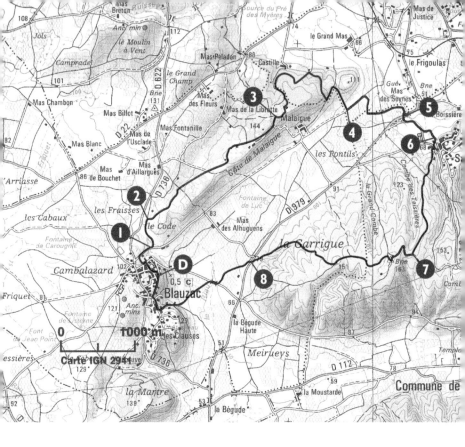

Les capitelles

*D*ans les plaines gardoises, en particulier en Uzège, en Gardonnenque, et aux alentours de Nîmes, on peut rencontrer de curieuses bâtisses de pierre sèche en forme de « bonnet » ou de pyramide, appelées localement cabanes ou capitelles. Ce type de construction, très répandu dans le midi de la France semble remonter au plus loin des époques préhistoriques. Le calcaire, par sa facilité d'extraction et de taille, et sa régularité, a permis d'édifier ces bâtiments rustiques et bon marché (ne demandant que de la sueur !). Leur utilisation comme abri par les

Capitelle dans la garrigue. *Photo CDT 30*

agriculteurs jusqu'à une date récente les a protégées, mais actuellement elles sont menacées à la fois par la progression de l'urbanisation des villes, des villages, de la garrigue sur les terres autrefois cultivées.

Autour du vallon des Pontils 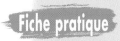 38

Partez à la découverte des garrigues hautes de chênes pubescents de la côte de Malaigue, qui cachent d'anciennes capitelles et des garrigues basses de chênes verts et chênes kermès du coteau de Sagriès.

D Prendre la rue de l'Hôtel-de-Ville. Au bout, aller à gauche sur 50 m. Après une villa, partir à droite, puis à droite sur la route qui descend de Blauzac à Malaigue.

1 Juste avant que la route amorce une montée, prendre à gauche un chemin montant jusqu'à un carrefour.

2 Continuer à droite, longer un muret (*nombreuses capitelles*), puis descendre doucement par une bonne piste la côte de Malaigue. Monter à gauche sur 100 m jusqu'à la citerne.

3 Bifurquer à droite. Avant d'amorcer la descente, prendre à droite un sentier qui se rétrécit et court au milieu d'une garrigue haute à chênes pubescents parsemée de capitelles. Descendre et quitter la collinette.

4 Au croisement en T, partir à gauche et continuer jusqu'au pont romain sur la rivière "Les Seynes" *(coin idéal pour le pique-nique)* ; revenir sur 150 et continuer à gauche pour couper la D 979 *(prudence !)*.

5 S'engager tout droit dans la rangée de platanes. Suivre à gauche la route qui mène à Sagriès. 100 m avant le cimetière, quitter la route et partir à gauche.

6 Après le lavoir, aller à droite. Se retouver face à un grand bâtiment sur la route. La suivre sur 50 m et s'engager à droite, après une mini-clairière où trônent trois ifs, sur un chemin herbeux large et pentu. Amorcer une descente sur 20 m, quitter le chemin et prendre un sentier à gauche dans une garrigue basse à chênes verts et pins d'Alep. Le chemin débouche sur un large chemin de terre (Est-Ouest).

7 Le prendre à droite en montant. Dépasser la citerne verte DFCI et parcourir 300 m. Quitter le chemin pour prendre à droite une descente plus franche qui ramène dans le vallon des Pontils.

8 Couper la D 979 *(prudence)* et prendre à gauche le chemin qui la longe sur 100 m. Partir à droite au milieu des cultures, puis à droite sur la route. Après le pont, s'engager à gauche sur un chemin qui monte à Blauzac.

5 h
14,5 Km   163 m
60 m

Situation Blauzac, à 18 km au Nord de Nîmes par les D 979 et D 736

 Parking place du 8 mai

 Balisage jaune

 Difficulté particulière

■ éviter les fortes chaleurs et l'ouverture de la chasse

Ne pas oublier

À voir

En chemin
■ Blauzac : château 12e
■ Capitelles ■ Sagriès

Dans la région
■ Sanilhac : Tourasse, château 12e, sentier botanique ■ Saint-Nicolas-de-Campagnac : prieuré 12e, pont 13e, baignade à Font Verte (au sud du pont) ■ Baume Saint-Vérédème : chapelle troglodyte 11e
■ Gorges du Gardon

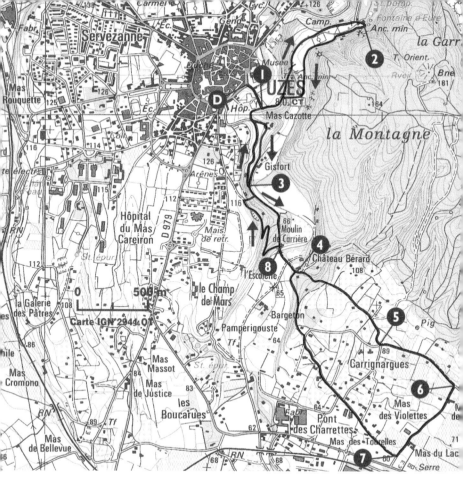

Uzès

*U*zès est la ville des tours. Et ces tours sont toutes symboliques. La tour Fenestrelle, fine et légère est le vestige paradoxal de la cathédrale romane, dans le style des campaniles toscans. La tour du château ducal, la tour du Roi, et celle de l'Évêque rivalisent dans le ciel d'Uzès, comme ont toujours rivalisé localement ces trois pouvoirs avant la Révolution. Mais le pouvoir souterrain de la ville, celui qui n'a pas édifié de tours, c'est le pouvoir économique basé sur le textile, pouvoir de la petite noblesse et de la bourgeoisie protestante avec ses hôtels particuliers, pouvoir des consuls avec l'hôtel de ville. L'empreinte en creux des anciens remparts médiévaux a donné le boulevard circulaire si agréable à l'ombre de ses platanes.

La tour Fenestrelle. *Photo G.B.*

Gorges de l'Alzon et capitelles 39

Après avoir musardé dans les ruelles du duché d'Uzès, prenez le temps de flâner autour des gorges de l'Alzon et de découvrir de belles capitelles témoins d'une riche région agricole.

D Prendre l'allée A.-Gide, entre deux murs, qui descend à droite de la route, en contrebas de la promenade Racine enserrant la cathédrale et la tour Fenestrelle.

1 Descendre à gauche. Avant la tour sarrazine, monter les escaliers à gauche. Descendre au pont sur l'Alzon et à la fontaine d'Eure.

2 Suivre la rive gauche de l'Alzon. Au moulin de Tournal, monter un sentier en lacets qui ramène au repère **1**.

1 Faire 300 m. A la prise d'eau, prendre à gauche le chemin communal. Passer le mas de Cazotte. Laisser à droite une piscine, s'enfoncer dans un bois qui mène à la source de Gisfort. Passer le mas de Gisfort de 200 m.

3 Dans un virage en épingle, prendre à gauche un sentier tracé à flanc de coteau jusqu'au moulin de Bargeton. Passer le château Bérard, parcourir 100 m.

4 Suivre à droite un sentier enserré entre deux murets qui débouche sur une pinède. A l'intersection, prendre la voie la plus à droite. Descendre 800 m sur une route.

5 A la capitelle, prendre à gauche le chemin de Saint-Maximin.

6 Laisser une capitelle à droite. A l'angle d'un bosquet de chênes verts, prendre à droite.

7 50 m avant la D 981, suivre à droite un chemin sous des marronniers. Continuer chemin de la Lavande. Avant le chemin des Chênes-Verts, prendre à gauche un sentier qui longe un mur. Traverser une dalle de calcaire. Le sentier s'enfonce dans un sous-bois de chênes blancs. A la patte d'oie suivante, descendre à gauche.

4 Regagner le moulin au repère **8**.

8 Après le pont, prendre à gauche un chemin qui monte en lacets au milieu d'un bois et longe une falaise. En haut, à l'angle d'un mur, descendre à droite un chemin.

3 Tourner à gauche sur la route et, par l'itinéraire aller, rejoindre le parking.

Fiche pratique

3 h
9 Km

115 m
64 m

Situation Uzès, à 20 km au Nord de Nîmes par les D 979 et D 981

 Parking route principale du Portalet (sur la gauche)*(payant)*

 Balisage jaune

Ne pas oublier

 **À voir**

En chemin

■ Uzès : ville épiscopale, château, place aux Herbes ceinturée d'arcades, crypte 2e, tour Fenestrelle, hôtels particuliers 18e ■ Tour sarrazine ■ Fontaine d'Eure (alimentait l'aqueduc romain d'Uzès à Nîmes) ■ Capitelles ■ Traces de gravures de carriers dans le sols ■ Grotte des Druides

Dans la région

■ Pont du Gard ■ Vers ■ Haras national ■ Gorges du Gardon ■ Sentier botanique de Sanilhac-Sagriès

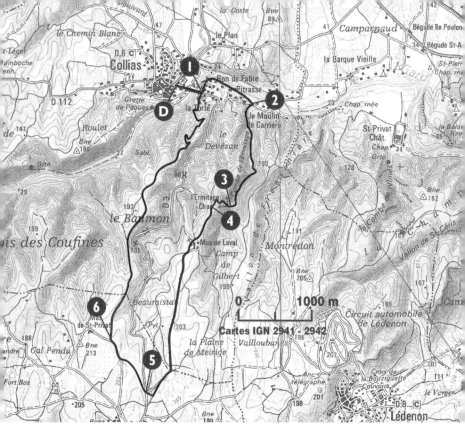

Cartes IGN 2941 - 2942

Reptiles et batraciens

Les gorges et massif du Gardon abritent 10 espèces de reptiles et 7 d'amphibiens. Cette richesse (plus de la moitié des espèces gardoises) s'explique par la variété des milieux qu'offre le Gardon. Parmi ces milieux, les bras morts sont sans doute les plus riches : recherchés par la grenouille de Perez, les crapauds communs, calamites mais surtout accoucheurs. Amphibien qui porte bien son nom car le mâle porte les œufs sur son dos, puis les têtards, pendant près de 3 semaines cachés dans un trou, avant de les porter dans la mare qui les verra grandir. Son « tou » caractéristique retentit couramment les nuits d'été, mais ne le confondez avec le hibou petit-duc dont le chant est le même que notre crapaud.

Et si parfois ce chant vient d'un arbre, méfiez-vous, car notre batracien peut avoir décidé d'aller brailler sur une branche pour faire la « nique » à notre volatile…

Rainette méridionale. *Dessin P.R.*

L'ermitage de Collias

3 h
11,5 Km

212 m
43 m

Appréciez les multiples saveurs d'un pays accueillant : la combe ombragée d'une ripisylve verdoyante, le recueillement d'un sanctuaire médiéval, les cultures du plateau et la garrigue !

Situation Collias, à 10 km au Sud-Est d'Uzès par les D 981 et D 3

 Parking place du village, 200 m avant le pont rive gauche

Balisage jaune

D (*Collias*) Descendre la D 3 vers le Gardon et franchir le pont de Collias.

Martin-pêcheur. *Dessin P.R.*

❶ (*Grand Devois*) Passer les portes du pont. Prendre à gauche la première rue qui descend. Suivre la route qui longe le Gardon et traverse une zone pavillonnaire. Parcourez 1 km environ.

❷ (*Cantadu*) Au calvaire, prendre un chemin à droite sur 30 m. S'engager à gauche sur un chemin large et sablonneux qui serpente dans la combe de l'Ermitage au cœur de la ripisylve. Franchir sept gués. Après le septième, parcourir 100 m.

❸ (*L'Ermitage*) Passer à droite l'arche du petit pont de pierre et monter vers la chapelle entre les murets de pierres sèches. Face à l'autel, grimper à gauche par la sente (*prudence : surplomb*). Laisser la croix de pierre à droite et monter sur un chemin très difficile (*marches calcaires*).

❹ (*Grand Serre*) En émergeant de la garrigue, bifurquer à gauche sur un chemin carrossable jusqu'au mas de Laval. Emprunter à droite, plein Sud, une route qui traverse des zones de culture.

❺ (*Caunèze*) Traverser la D 3 (*prudence*) et obliquer à droite sur un chemin de terre. Longer une propriété grillagée et prendre à droite la route du mas Saint-Privat.

❻ Descendre tout droit par le chemin DFCI B54 qui ondule sur la crête. Il devient rocailleux, serpente en lacets marqués de vieilles bornes en pierre du Gard (*vieille route abandonnée*). Au village, prendre le premier chemin à gauche qui ramène aux portes du pont.

❶ (*Grand Devois*) Regagner le point de départ.

Difficultés particulières

■ éviter la chaleur de l'été, les jours de fort mistral et les jours de chasse ■ gués entre ❷ et ❸ ■ montée difficile entre ❸ et ❹

Ne pas oublier

 À voir

 En chemin

■ Collias : château 16e, escalade, baignade
■ Grottes-tunnels

Dans la région

■ Baume de Sainte-Vérédème : chapelle troglodyte ■ Château de Castille 13e d'Argilliers ■ Oppida du Camp de Castres et de Barbegrèze

Le pont du Gard

**5 h
17 Km**

146 m
34 m

Dans ce pays de chaleur, partez sur les traces de l'eau, et découvrez dans ce paysage de garrigues brûlées par le soleil, les vestiges cachés de l'ancien aqueduc romain qui courait d'Uzès à Nîmes.

Situation Saint-Bonnet-du-Gard, à 19 km au Nord-Est de Nîmes par la N 86

D (*Saint-Bonnet*) Suivre la ruelle au bout du parking. S'engager entre les vignes sur une route vers le front calcaire. Grimper un chemin caillouteux. Franchir la barre rocheuse.

 Parking place de la Fontaine

❶ (*Le Sablas*) Au col, prendre tout droit une sente étroite qui descend.

 Balisage jaune, blanc-rouge

❷ (*Valmalle*) Prendre à gauche en direction du pont du Gard.

 Difficultés particulières

❼ Passer le pont, puis suivre le GR® 6. Croiser les ruines de l'aqueduc.

■ éviter l'hiver et les jours de fort mistral ■ panorama du Pont du Gard entre **❺** et **❸** (attention aux enfants)

❸ Après une plate-forme en terrasse à droite, descendre à droite un sentier. Contourner à gauche le mas de la Bégude-Saint-Pierre (Saint-André sur la carte), poursuivre 300 m. Bifurquer à droite sur une route. Couper la D 981 (*prudence*). S'engager, à gauche du mas, sur un chemin. Prendre la petite route à droite, franchir la voie ferrée.

Ne pas oublier

❹ Au cimetière, aller à gauche, prendre deux fois à droite. Traverser le village, passer le porche. Gagner le second lavoir, la place de la Fontaine. Aller vers Castillon puis deux fois à droite. Descendre la D 227 à gauche.

À voir

❺ Après le troisième lavoir, grimper à gauche un sentier. Tourner à droite sur un chemin. Atteindre et longer les vestiges de l'aqueduc. A la D 227, franchir le passage à niveau.

 En chemin

■ Saint-Bonnet-du-Gard : village 10e pittoresque, église préromane 9e (fortifiée au 13e), tour d'ancien moulin ■ Vers-du-Gard : lavoirs remarquables, tour de l'Horloge, tour carrée (ancienne enceinte)

❻ Couper la D 981 (*prudence*). Au rond-point, partir à gauche (chaîne). Suivre les vestiges de l'aqueduc. A la cote 57, aller en face à gauche d'un portail sur un sentier qui serpente dans la garrigue. Au panorama, descendre à gauche de l'aqueduc. Le franchir.

❼ Prendre à droite les escaliers. Au sommet, s'engager dans le tunnel ou le contourner par la gauche, descendre sur 200 m et grimper à droite entre les vestiges de l'aqueduc. Après 1,5 km, suivre tout droit la piste. A la première grande intersection, descendre à gauche.

Dans la région

■ Castillon-du-Gard : village médiéval, chapelle romane de Saint-Caprais ■ Chapelle de Malpas

❽ (*Cante Perdrix*) A la route, aller à gauche. A la croix, suivre le chemin de gauche, gagner le parking.

Le pont du Gard et son aqueduc

Le pont du Gard est universellement connu, et l'un des sites les plus visités de France. Mais la beauté de ce monument ne doit pas masquer d'autres vestiges tout aussi intéressants du même ouvrage ; la prouesse technique que représente ce merveilleux pont-aqueduc ne doit pas nous empêcher d'apprécier la prouesse fondamentale qui permit d'acheminer pendant plusieurs siècles 20 000 mètres cubes d'eau (20 millions de litres) par jour pour alimenter Nîmes. Pour cela, une conduite de 50 km de long, soit enterrée soit en tunnel, soit encore sur arcades pour franchir les vallées serpentait dans la garrigue, avec une différence de seulement 17 mètres d'altitude entre le point de départ et le point d'arrivée. Encore une preuve que les Romains étaient de grands architectes-bâtisseurs, mais aussi d'excellents hydrauliciens et géomètres.

Ces travaux furent entrepris probablement dans la première moitié du 1er siècle après J.-C., quand les eaux de la source (la Font) ne suffirent plus à alimenter une ville dont la population avait fortement augmenté. C'est la fontaine d'Eure, près d'Uzès, à 20 kilomètres à vol d'oiseau de Nîmes, qui fut choisie, pour sa qualité comme pour son abondance. La première partie du trajet, entre la source et le pont du Gard, est relativement pentue (plus de 60 cm/km). Cette pente avait été calculée ainsi pour économiser sur la hauteur du pont permettant de franchir le principal (et incontournable) accident de terrain : le Gardon. Le pont du Gard aurait eu sinon 10 à 20 mètres de plus en hauteur, et comme ses 48 mètres de haut représentaient déjà une belle prouesse technique, les ingénieurs romains ont parfaitement bien calculé en choisissant des pentes différentes selon les parties du parcours. On peut encore voir entre

Vestiges de l'aqueduc, en amont du pont du Gard. *Photo CDT 30*

Le pont du Gard.
Photo C.M.

Uzès et le pont de nombreux vestiges des ponts construits pour passer les petites vallées, comme le pont de Bornègre, le pont de la Lone ou le Pont-Rou.

Le pont du Gard franchit le Gardon par une triple rangée d'arcades, très larges (entre 15 et 24 mètres pour les deux étages inférieurs, 5 mètres pour l'étage supérieur). Ces largeurs d'arches différencient nettement cet aqueduc des autres aqueducs du monde romain, et contribuent fortement à sa perfection esthétique. Sa couleur ocre rajoute à sa beauté : les blocs de pierre ont été tirés des carrières de calcaire de Vers, tout près de là. Certains des blocs mis en place mesurent 2 mètres cubes et plus, ce qui correspond à un poids de 6 tonnes : on imagine encore une fois les prouesses pour hisser ces blocs à 40 mètres de hauteur avec un système de palans.

Quand on voit le site l'été, on est frappé de la démesure de cet ouvrage, avec ses arches si larges, par rapport à la largeur du Gardon. Mais les Romains connaissaient trop bien la capacité des torrents cévenols à gonfler brusquement le Gardon au printemps et surtout à l'automne en un flot renversant tout sur son passage, pour lésiner sur les dimensions. Le pont du Gard fut d'ailleurs l'un des rares ponts à résister aux crues, et il était très utilisé par les muletiers pour franchir le Gardon, alors qu'il n'avait pas du tout été prévu pour cela. Cette utilisation répétée fit même de tels dégâts aux piles qu'on craignit pour l'édifice, et vers 1740 la partie basse du pont fut élargie en un pont routier. Il fut enfin restauré sous Napoléon III, et défie toujours les temps et les éléments.

Au sud du pont du Gard, on peut encore voir quelques ponts à arches, mais surtout des tunnels (l'un d'eux fait plus de 400 m) où passait le canal conduisant l'eau. On peut voir dans ces conduits combien les dépôts calcaires obstruaient le passage de l'eau : un tiers du débit initial seulement pouvait encore circuler dans les dernières années de son utilisation. Il est vrai qu'à cette époque, les peuplades du nord avaient déferlé sur l'Empire romain, et il ne dut plus servir à alimenter Nîmes mais les mas riverains, et à irriguer les terres cultivées de la région. Certains tronçons enfin, dont les pierres furent pillées ou réutilisées, disparurent définitivement.

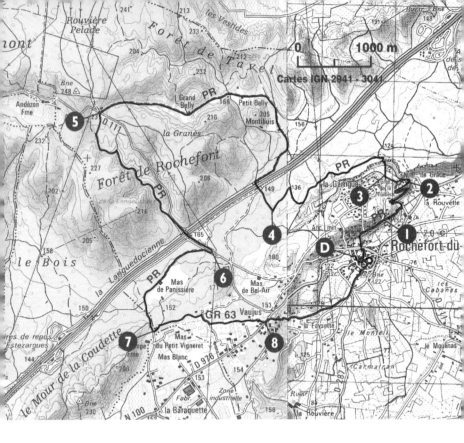

Notre-Dame-de-Grâce à Rochefort

Notre-Dame-de-Grâce fut construite à partir de bâtiments plus anciens au cours du 17e siècle, pendant ce que l'on a appelé la « contre-réforme catholique », et confiée aux moines bénédictins de la Réforme de Saint-Maur. Depuis cette date, miracles et pèlerinages se multiplièrent, apportant des revenus importants à la communauté religieuse. A la Révolution, le sanctuaire fut pillé et vendu comme bien national. Ce n'est qu'en 1846 qu'il fut repris par les Frères maristes, et que pèlerinages et processions reprirent.

On portera une attention particulière à la chapelle, ornée d'un autel richement décoré de marbre, et au musée des ex-votos où sont exposées images ou plaques de marbres remerciant Notre-Dame pour une guérison, ou pour avoir échappé à un accident.

Autel. *Photo C.M.*

Notre-Dame-de-Grâce

Des ruelles de Rochefort au recueillement du sanctuaire, en passant par la solitude des garrigues troublées par le chant des fauvettes, une « sacrée » balade, pleine des silences les plus riches…

5 h
16 Km
231 m
45 m

Situation Rochefort-du-Gard, à 11 km à l'Ouest d'Avignon par les N 100 et D 111

 Parking place de la Poste

 Balisage

jaune de ❿ à ❼,
blanc-rouge de ❼ à ❿

Difficultés particulières

■ éviter les jours de fort mistral ■ descente très dangereuse dans les rochers de la falaise entre ❷ et ❸

Ne pas oublier

🚲

❿ Monter la rue Mistral, descendre à gauche, passer devant la placette de la Vigne. Face au monument, aller à gauche rue de la Petite-Calade puis de l'Alambic. Couper la D 976. Emprunter le chemin de Notre-Dame-de-Grâce.

❶ A la patte d'oie, rester à droite. Monter la route à gauche vers le sanctuaire. Avant le dernier lacet, prendre à droite, en contrebas du sanctuaire, un sentier herbeux (chicane métallique) sous des pins.

❷ Dépasser le calvaire, descendre à gauche l'escalier puis une sente escarpée. Partir à gauche sur la piste. Traverser une clairière, déboucher sur une route.

❸ Tourner à droite sur la piste. Franchir l'escarpement calcaire. A la première intersection, aller à gauche et tout droit aux suivantes.

❹ Sur une dalle calcaire, virer à droite. Passer le tunnel sous l'autoroute. Tourner à droite, puis à gauche dans la garrigue. Faire quelques pas, obliquer à droite à la patte d'oie puis suivre la piste de la combe de Belly.

❺ Couper la D 111. Prendre à droite du monument un sentier qui serpente en fond de vallée. Retrouver la D 111.

 À voir

❻ Franchir l'autoroute. Tourner à droite face à deux pylones. Dépasser le mas de Panissières. Obliquer à gauche sur la piste qui monte puis amorce une descente.

 En chemin

■ Fermes du Petit et du Grand-Belly
■ Croix de Saze 18e

❼ Après la première villa, prendre un sentier à gauche. Poursuivre ce chemin (*bien suivre le balisage*). A l'intersection avec un chemin, tourner à droite et s'engager à gauche sur la seconde sente. Passer la ligne à haute tension. Quitter la sente, se diriger vers une haie de cyprès. La longer à gauche, trouver une piste qui part en sous-bois.

 Dans la région

■ Vallabrègues : musée de la Vannerie ■ Aramon : village fortifié, église Saint-Pancrace 12e ■ Villeneuve-lez-Avignon : fort Saint-André, tour Philippe-le-Bel, chartreuse du Val-de-Bénédiction, chapelle des Pénitents-Gris

❽ Couper la D 976, faire 50 m à gauche, descendre à droite le chemin de Vaujus. A la D 287, monter à gauche. A la croix, prendre à gauche le chemin de Saze. A Rochefort, suivre à droite la calade de l'Abreuvoir, à gauche la montée de la Vieille-Eglise. En faire le tour, revenir au parking.

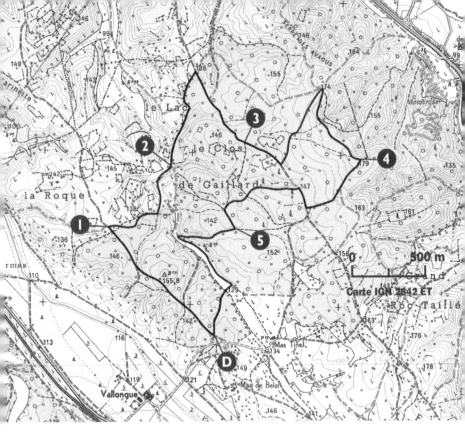

Nîmes aujourd'hui

*N*îmes, « Rome, Genève, Séville françaises » est non seulement la ville d'un prestigieux passé, mais également une ville du présent : sa

Nîmes, médiathèque. *Photo CDT 30*

convivialité, ses fêtes dont la fameuse féria, en font une ville où il fait bon vivre. Nîmes est également une ville du futur, sinon « futuriste ». Les plus grands architectes internationaux et autre « designers » s'y sont donné rendez-vous, ces dernières années : l'Anglais Norman Foster (le Carré d'Art), le Français Jean Nouvel (les Paquebots), l'Italien Gregotti (le stade de football) et le Japonais Kurosawa (le Colisée), Starck (mobilier urbain) pour ne parler que des « hommes de l'art » les plus connus.

Le Clos de Gaillard

Saviez-vous que ces espaces, aujourd'hui garrigues hostiles, étaient jadis fortement cultivées : 12 000 enclos à la fin du 18e… Un circuit familial et pédagogique, à éviter les jours de fortes chaleurs !

D Passer à gauche de la citerne DFCI. Gagner le sylvetum.

❶ Au carrefour en T, prendre à droite. A l'intersection suivante, obliquer sur la gauche vers l'enclos des deux cèdres. Franchir le gué.

❷ Tourner à gauche sur une piste plus large. Au grand carrefour des quatre chemins, prendre à droite.

❸ A la patte d'oie, suivre à gauche, passer entre la Grande Seule et le Clos de Gaillard, à gauche. Au carrefour suivant (point coté 174), virer à droite et gagner le point de vue sur la combe du mas de l'Oume.

❹ Descendre à droite. Au bout de la descente, partir à droite sur 150 m, puis tourner à gauche.

❺ A l'intersection en T, aller à droite. Un peu plus loin, bifurquer sur la gauche dans la petite combe. Passer devant une source. A la patte d'oie suivante, tourner sur la droite pour regagner le parking.

Alouette des champs. *Dessin P.R.*

Situation Vallongue (commune de Nîmes), à 10 km à l'Ouest de Nîmes par les N 106 et D 907

Parking au Nord du hameau

Balisage
points bleu

Difficulté particulière

■ éviter les jours de chasse et les jours de fort mistral

Ne pas oublier

À voir

En chemin

■ Sentier de découverte jalonné de bornes d'information

Dans la région

■ Nîmes : ville romaine d'art et d'histoire ■ Russan : village à l'entrée des gorges du Gardon

L'habitat des garrigues

«Chemin clapier». *Photo CDT 30.*

À la fin du 8e siècle av. J.-C., la population des grottes des gorges des différents massifs des garrigues s'accroît. Certaines communautés décident donc de s'établir sur les plateaux eux-mêmes. C'est l'âge du bronze : l'homme se sédentarise. S'il conserve toujours la cueillette et la pêche comme ressources principales, l'agriculture et l'élevage se développent. Ces pasteurs des plateaux parcourent la garrigue et commencent à défricher les immenses forêts de chênes qui couvrent les garrigues. « En cela les peuplades des néolithiques inaugurèrent les modes d'occupation, et de gestion de la garrigue, qui se sont développés pratiquement jusqu'à nos jours » (Fabre G.). Puis, tour à tour, les exploitants de la garrigue ont laissé des traces encore visibles dans le paysage. Jusqu'à l'âge de fer (800 à 50 ans av. J.-C.) ce sont les oppida, habitats fortifiés des Volques arécomiques, tribu fixée dans la région de Nîmes. L'oppidum de Nages à l'ouest de Nîmes reste l'un des mieux conservés. Avec la présence romaine, les vestiges sont nombreux et les garrigues continuent de se déboiser.

A partir du Moyen Age, la vie pastorale se développe : de nombreux vestiges témoignent de cette vie : les « faîsses » murs de soutènement, les « clapas », monceaux de pierres pouvant atteindre plusieurs mètres de haut pour dépierrer des enclos et installer quelques cultures sur des espaces secs et rocailleux, les « chemins clapiers » recouverts de lauzes plates pour favoriser le cheminement entre les parcelles, les « clos »… Ce défrichement atteint son apogée à la fin du 12e siècle. De la fin du 18e siècle à la première moitié du 19e, les capitelles se multiplient. Correspondant au maximum de l'activité agricole des garrigues, elles servaient à la fois d'abri pour le paysan et de réserve pour la récolte. Enfin, on ne peut passer sous silence ces vieux murs sommaires, à moitié enfouis, cachés dans la végétation : les restes des cabanes de charbonniers qui fabriquaient du charbon de bois à la fin du 19e siècle et au début du 20e siècle.

Toutes ces traces dans le paysage sont encore visibles dans cette « forêt » qui a payé un lourd tribut à une exploitation démesurée. Mais aujourd'hui, d'autres traces apparaissent, avec la lutte contre les incendies, les tours de guets, les pistes DFCI…

La Rome française

*L*a Rome française, tel est le surnom bien mérité de Nîmes, capitale de l'ager nemausensis (nom donné à la région par Pline l'Ancien, pendant l'occupation romaine). Son site était, il est vrai, idéal pour l'emplacement d'une ville, avec surtout cette merveilleuse et abondante fontaine au pied d'une

La maison carré. *Photo F. de R.*

colline, le mont Cavalier. Avant les Romains, ce sont les Celtes qui s'y établirent, édifiant même une tour, qui reprise par les Romains deviendra l'emblématique tour Magne. La ville romaine, que l'empereur Auguste dota richement, comptait au moins 50 000 habitants et s'étendait sur un vaste territoire entouré de fortifica-

tions. De nombreux vestiges de sa splendeur ont été retrouvés, comme le temple de Diane, près de la Fontaine, le Castellum, château d'eau où les eaux venues par l'aqueduc étaient réparties et envoyées dans les différents quartiers, des portes monumentales qui s'ouvraient dans l'enceinte dont il ne reste que peu d'éléments. Mais ce qui est extraordinaire, et a permis de parler de « Rome française », ce sont deux monuments dans un état de conservation tout à fait remarquable : un amphithéâtre (les arènes) et un temple (la Maison carrée). Si les arènes ont été aussi bien conservées, c'est qu'elles ont été transformées en forteresse à la fin de l'empire romain par simple obstruction des arcades (comme les arènes d'Arles). La Maison carrée, c'est-à-dire à angles droits, après de multiples utilisations qui auraient pu causer sa perte définitive, fut enfin restaurée par les consuls nîmois sur l'ordre de Louis XIV. Au 19e siècle, elle est dégagée de ses constructions parasites, et son site aménagé la met enfin en valeur.

Les Arènes de Nîmes. *Photo CDT 30*

Entre Sommiérois et Camargue

Aigues-Mortes. *Photo F. de R.*

Savez-vous qu'il existe au moins trois points communs entre le littoral et l'arrière-pays ? Le vin : le Listel, vin des sables de la petite Camargue, le Costière de Nîmes, vins des galets que le Rhône a déposé il y a plus de 700 000 ans, le Coteau du Salavès, de la région de Sommières.

L'eau : de Saint-Hippolyte-du-Fort à la Grande bleue en passant par Quissac, Sauve et Sommières les eaux du Vidourle ont toujours été source de vie et d'inquiétude. Descendant des Cévennes, les vidourlades étaient hier particulièrement terribles. Aujourd'hui elles sont régulées par de nombreux barrages d'ecrêtement des crues. En Camargue, l'eau omniprésente a toujours induit construction et économie.

La pierre : avant Aigues-Mortes et ses remparts, Saint-Gilles et son abbatiale du XIIe siècle, il y avait Psalmody, une des plus importantes abbayes bénédictines du Languedoc qui a rayonné très loin jusque dans la plaine de Salinelles (chapelle Saint-Julien : l'un des plus beaux témoignages de l'art roman en Languedoc), mais aussi les restes de l'église de Saint-Pierre d'Aspères...

Là s'arrêtent les points communs car la Camargue est unique.

C'est le pays plat des grands espaces et des montagnes de sel ; c'est le pays des flamants roses qui tirent leur couleur de leur nourriture de base, de minuscules crevettes appelées artémis ; c'est le pays du biou (le taureau) et de son compagnon, ce petit cheval blanc de race très ancienne probablement importée d'Asie Mineure, immortalisé par Crin Blanc ; c'est le pays de la « Bouvine » des manades, des ferrades, des courses camarguaises inséparables des raseteurs, les hommes en blanc ; c'est le pays des maisons blanches couvertes de « sagno » (le roseau des marais) ; c'est le paradis des oiseaux qui trouvent en ces lieux une terre nourricière, un refuge et une halte migratoire d'importance internationale pour les oiseaux migrateurs ; c'est le pays de mille fleurs, de la saladelle, de la salicorne, des sansouires, de la flore des dunes fragiles et menacées. Mais la Camargue c'est surtout ce pays où certains jours de brume, à l'aube, quand passe le vol d'un héron, on ne sait jamais où s'arrête la terre et où commence la mer, où se trouve la frontière entre le sol et l'eau.

La Camargue, pays de mystère...

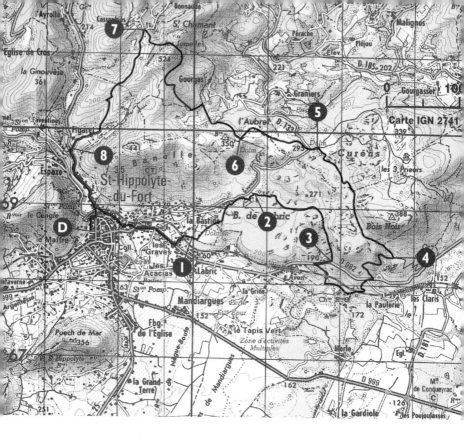

Un ciel plein de rapaces !

Avec 18 espèces de rapaces nicheurs, 4 espèces migratrices et 3 espèces hivernantes, c'est au total 25 espèces de rapaces diurnes qui visitent le pays régulièrement. Mais celui qui est sans contexte le rapace le plus représentatif, que l'on peut observer de la Costière au mont Aigoual, des causses aux garrigues, c'est le circaète jean-le-blanc. Apparenté aux aigles, il est facilement reconnaissable à son plumage très blanc et à sa gorge marron. Souvent, l'été, on voit ce grand rapace faire du sur-place en quête de sa nourriture préférée : les serpents. Mais rien ne vaut ses parades nuptiales quand la femelle se retourne, pile au bon moment, pour offrir ses griffes à son compagnon venu du ciel, en piqué, ailes repliées. Alors, comble de ravissement, pendant quelques instants ils se laissent tomber comme des feuilles mortes étrangement enlacées… pour recommencer un peu plus tard. Alors promeneurs gardois, ne pensez pas qu'aux champignons et levez les yeux. C'est plein de surprises.

Circaète jean-le-blanc.
Dessin P.R.

Le château de la Rouquette

5 h 30
18 Km

450 m
140 m

Aux portes des Cévennes, une longue balade qui emprunte des voies d'autrefois : une voie romaine et l'ancien chemin de Monoblet à Saint-Hippolyte-du-Fort.

Ⓓ Longer le cimetière. A la tour, prendre à droite puis à gauche vers Lasalle. Immédiatement après le passage sous le viaduc, suivre le chemin de la Blode à droite. Rejoindre la D 982. La suivre sur 650 m en direction d'Alès. Prendre à gauche le chemin de Galaberte et de Rescassols.

❶ Suivre à gauche le chemin qui mène au dolmen de Rascassols. Après le dolmen, bien suivre le balisage qui serpente dans les lapiaz.

❷ Tourner à droite sur un sentier plus tortueux qui s'enfonce entre les lapiaz du Bois de Labric (*bien suivre le balisage*).

❸ Prendre à droite la D 982 vers Saint-Hippolyte-du-Fort sur 250 m. Quitter la route et emprunter le sentier vers le château de la Roquette en traversant l'ancienne voie ferrée. Passer au Nord du château, retraverser la voie ferrée et rejoindre la D 982 au niveau du chemin de la Paulerie. Couper la route et prendre le sentier en face qui monte sur la crête qui domine la route.

❹ Au serre de la Matte, le sentier effectue un virage à 180° à gauche. A la patte d'oie suivante, virer à gauche (*sur les 200 m avant le col de l'Aubret, de nombreux chemins sont possibles : bien suivre le balisage en restant orienté au Nord-Ouest*).

❺ Couper la D 133, prendre le chemin vers les Jumelles sur 300 m et poursuivre le sentier sur la droite vers le mont Aubret.

❻ Le sentier rejoint une ancienne voie romaine. La suivre à droite sur 500 m. Emprunter le sentier dans le prolongement de cette voie sur 150 m, puis à gauche et à droite. Passer entre les Jumelles. Le sentier rejoint un chemin goudronné.

❼ Partir à gauche et descendre vers Saint-Hippolyte-du-Fort. Le chemin d'abord raviné puis goudronné mène à la D 39.

❽ La suivre à gauche jusqu'à Saint-Hippolyte, passer sous le viaduc, puis regagner le parking.

Situation Saint-Hippolyte-du-Fort, à 50 km à l'Ouest de Nimes par la D 999

 Parking place des anciennes casernes

Balisage jaune

 Difficultés particulières

■ éviter les périodes de fortes chaleurs et les jours de battue aux sangliers

Ne pas oublier

À voir

 **En chemin**

■ Saint-Hippolyte-du-Fort : vieille ville, musée de la Soie ■ Ruines du château de la Roquette 11e ■ Dolmens de Rascassol et de l'Aubret

Dans la région

■ Ruines de la forteresse de Fressac 11e-13e ■ Causse de Pompignan : paysage de type espagnol ■ Eglise de Cros ■ Ceyrac : chapelle, oppidum ■ Chapelle romane de Conqueyrac ■ Château ruiné de Rochefourcade ■ Monoblet : village (relance de la soie) ■ Village de La Cadière

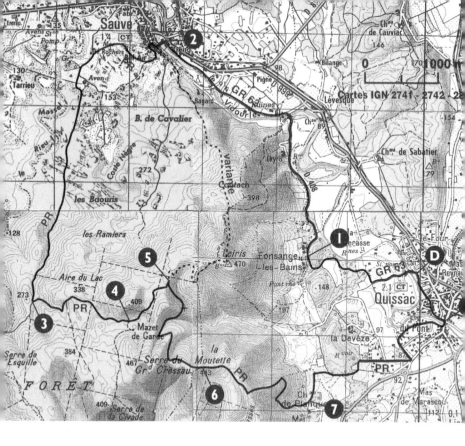

Une mer ou une forêt de rochers ?

C'est au printemps, tard le soir, quand le soleil se couche, brillant de mille feux, sur ce chaos calcaire dominé par le château de Roquevaire, à demi-enfoui dans une végétation luxuriante de toutes teintes que cette mer de rochers est la plus belle. Elle porte bien son nom d'ailleurs, car cet amoncellement de rochers plus ou moins importants, ressemble étrangement à « une mer démontée mais à jamais immobile ».

C'est l'action conjointe du vent et de l'eau qui a lentement modelé ce lapiez géant qui n'est pas sans rappeler les sites de Nîmes et de Montpellier-le-Vieux : de fines cannelures qui donneront naissance quelques millions d'années plus tard à ces statues gigantesques aux contours déchiquetés...

Le village de Sauve.
Photo G.B.

Les chênes de Coutach

Ruelles et porches de Sauve et Quissac, abords du Vidourle, Mer des Rochers et garrigue, sommet de la Moutette, autant de joyaux à découvrir en quelques heures.

8 h
22 Km

443 m
72 m

Situation Quissac, à 42 km à l'Ouest de Nimes par la D 999

Parking collège (derrière la gendarmerie)

Balisage
🅓 à ❷ blanc-rouge
❷ à 🅓 jaune

➲ De la gendarmerie, descendre vers les berges du Vidourle et emprunter le premier passage à gué. Dépasser le lit du Vidourle de 300 m, puis bifurquer à droite.

❶ Au sortir du sentier forestier, traverser le champ. Au camp de vacances d'Air France, descendre la route. Franchir le Vidourle. Après le pont, aller à gauche à Sauve.

❷ Emprunter le Vieux-Pont, passer sous le porche et monter les escaliers.

▶ Variante pour passer au Leiris et gagner le repère **❺**.

Suivre le balisage qui serpente entre porches et ruelles. Il conduit à la Mer des Rochers. Parcourir le sentier qui traverse ce chaos calcaire et débouche sur une calade. Prendre à gauche vers Quissac sur 1 km. La calade rejoint un chemin carrossable, poursuivre à gauche vers Quissac.

❸ Bifurquer à gauche pour suivre le chemin de la Vache-Morte. Le chemin carrossable rejoint une piste.

❹ Suivre le chemin de gauche qui entame une longue boucle autour du Serre du Grand-Cressau. Quitter la piste principale, prendre à droite un sentier sur 100 m.

❺ Virer à droite en angle aigu.

❻ Partir sur un chemin d'abord abrupt qui descend droit vers la plaine, serpente dans les chênes verts, d'abord sur la crête, puis dans un thalweg.

❼ Aux abords du château de Planque, prendre à gauche au Nord le chemin qui longe les premiers champs cultivés de bas de versant. Suivre le balisage qui se faufile entre garrigues et cultures. Quitter, à gauche, la route pour rejoindre le Vieux-Pont. Le traverser.

❽ Prendre à gauche, dépasser le temple de 100 m, puis quitter les berges en tournant à droite vers le centre du village. Bien suivre le balisage qui passe par des ruelles, devant deux cimetières et ramène au point de départ.

Difficultés particulières

■ éviter les jours suivant de fortes précipitations et les périodes de fortes chaleurs
■ gué ■ prudence dans la Mer de Rochers

Ne pas oublier

 **À voir**

En chemin

■ Mer de Rochers
■ Château de Roquevaire (ancienne résidence d'été des évêques de Maguelonne)
■ Grand Aven

Dans la région

■ Pic Saint-Loup et montagne de l'Hortus ■ Plan d'eau de La Rouvière ■ Ceyrac : chapelle, oppidum ■ Chapelle romane de Conqueyrac
■ Château de Florian 17e
■ Château de Mirabel 13e
■ Ruines du château de La Roquette 11e

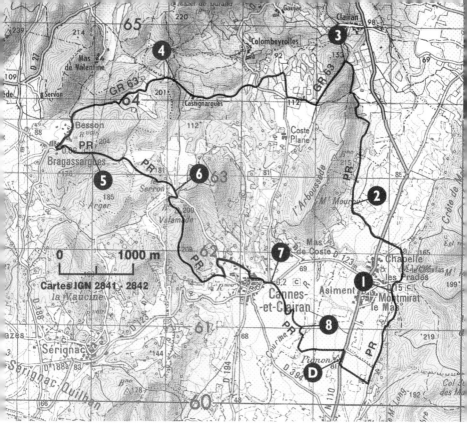

Les fourches de Sauve

Le micocoulier est un arbre très fréquent dans le Midi, où il accompagne souvent les églises romanes et autres lieux sacrés. Son bois est à la fois souple et très dur, quand on le taille de façon appropriée, il fait de nombreux rejets avec développement de trois bourgeons terminaux : une fourche « naturelle ». Sauve a été pendant des siècles la capitale incontestée de la fourche, gardant jalousement ses secrets de fabrication. En 1990, la production s'est arrêtée.

Reprise en 1993 d'une production limitée par l'association, la Fanabrègue (nom occitan du micocoulier), est bien décidée à maintenir cette fabrication et à créer un écomusée autour de cette activité, dans l'ancienne caserne, qui hébergea autrefois les soldats du roi chargés de la répression du protestantisme.

Micocoulier taillé pour la fourche.
Photo CDT 30

Le sentier du terroir

Vignes et belles futaies de pins d'Alep se succèdent tout au long de cette longue balade qui emprunte dans sa première partie un sentier botanique qui serpente dans des marnes dénudées.

6 h
18,5 Km

209 m
55 m

Situation Crespian, à 26 km à l'Ouest de Nîmes par les D 999 et N 110

 Parking cave coopérative viticole

 Balisage
Jaune, puis blanc-rouge, puis jaune

⚠ **Difficultés particulières**

■ éviter la chaleur de l'été, les jours de fort mistral et les jours de chasse ■ gués après ➊, avant ➋, avant ➌, après ➑

ⅅ Partir plein Sud sur 100 m. Monter à gauche une petite route. Au carrefour en T, partir à gauche le long du bois des Lens. Suivre une ancienne route qui descend.

➊ Aller à droite. Passer le gué, puis monter par un chemin très raviné. A l'ancien stade de football, partir à gauche. Couper la N 110 (*prudence*) et descendre en face sur une route. Franchir le gué sur la Courme et poursuivre 100 m.

➋ Monter à gauche dans les bois. A l'intersection suivante, aller à gauche. Face à une vigne, monter à gauche une sente escarpée qui contourne des marnes noires (*prudence*). Suivre un sentier botanique. Couper une piste carrossable. Poursuivre en face le sentier botanique. Contourner un gué, puis couper une autre piste carrossable. Continuer en face sous la futaie de pins noirs. Plus loin, franchir une passerelle.

➌ Monter à gauche par une excellente piste. Avant la route, aller à droite sur 100 m. A la patte d'oie, partir à gauche. Couper la D 194 (*prudence*), continuer tout droit par la piste. Passer au Nord du mas de Castignargues et monter au col.

➍ Descendre à gauche entre deux monticules. Le chemin goudronné serpente en fond de vallée. Traverser Besson. Monter à gauche la première piste.

➎ Au sommet, à l'intersection, continuer tout droit puis amorcer une descente. Longer une vigne et un cours d'eau, puis franchir un passage entre deux buttes.

➏ Ne pas franchir le col mais contourner la vigne. S'engager en pleine pente à gauche vers le Valamade. Continuer sur la crête, puis dévaler vers Cannes-et-Clairan. Contourner le village par le Nord. Franchir le pont sur la D 123.

➐ S'engager à droite sur un sentier entre les vignes. Passer devant un ancien moulin, puis franchir le gué et monter à droite du moulin sur l'autre rive. Au sommet du coteau, partir à droite puis à gauche entre les vignes.

➑ Face aux marnes, partir à droite sur 100 m et prendre à gauche une sente très humide qui serpente sous des pins. Au sommet, aller à droite puis à gauche pour revenir au Nord de la cave coopérative viticole.

Ne pas oublier

 **À voir**

 **En chemin**

■ Montmirat : ruines de l'église de la Jouffe et du castellas 11e construit près d'un oppidum celtique
■ Marnes noires riches en fossiles

Dans la région

■ Plan d'eau de La Rouvière
■ Châteaux de Sérignac, de Saint-Théodorit, de Puechredon et de Vic-le-Fesc
■ Bragassargues : château de Roux, ruines du château de Roucaute

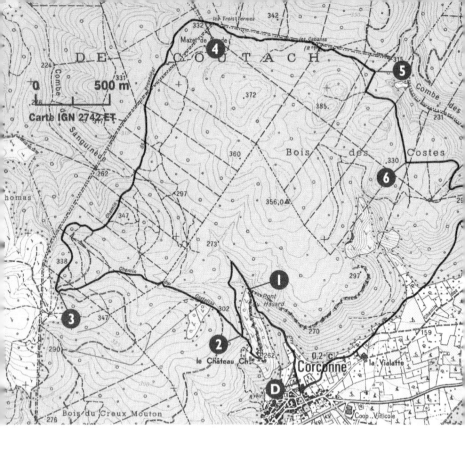

L'olivier

*M*erveilleux arbre plusieurs fois millénaire, l'olivier symbolise le terroir méditerranéen, son agriculture et sa culture. Et si la place qu'il occupe dans notre agriculture mécanisée d'aujourd'hui se réduit comme peau de chagrin, c'est aussi que notre époque est celle de la fin d'une culture rurale où l'on savait apprécier l'écoulement du temps et les saveurs de produits simples et naturels.

Par bonheur, quelques tenaces « mainteneurs » continuent à entretenir cet arbre mythique : les adhérents de la coopérative oléicole de Sommières par exemple, ou les

Olives à maturité. *Photo CDT 30*

personnes qui organisent à Corconne la fête de l'olive le deuxième dimanche de décembre. Nos enfants sauront ainsi peut-être encore pourquoi il y a des olives vertes, et d'autres noires !

Le pont du Hasard

L'ambiance d'une scène de western laisse place à la quiétude dès l'arrivée à la chapelle et à un inoubliable panorama. D'imposants blocs de calcaire massif peuplent les bois de chênes verts.

Fleurs et feuilles de chêne vert. *Dessin N.L.*

ⅅ Laisser sur la gauche la mairie et poursuivre le chemin Neuf qui monte en pente douce vers les falaises à l'arrière du village.

❶ Passer le pont du Hasard et continuer la montée du lit du ruisseau. Gagner un croisement.

❷ Partir à gauche et arriver à une chapelle (*le paysage s'ouvre sur la plaine viticole de Corconne et, au Sud, sur le pic Saint-Loup et les falaises de l'Hortus*). Revenir au repère **❷**, emprunter le chemin de gauche qui remonte le thalweg entre les blocs de calcaire. Le sentier rejoint le chemin carrossable du Provençal.

❸ Tourner à droite.

▶ Si un panneau indique une battue au sanglier dans cette zone, avancer sans la discrétion habituelle, de façon à être entendu et rester bien en vue sur le chemin.

❹ Le chemin est rejoint à gauche par un autre chemin carrossable. Tourner à droite.

▶ Noter les bouquets de cèdres et les pins qui brisent l'uniformité de la yeusaie.

❺ La piste croise un autre chemin. Obliquer à droite en angle aigu, parcourir quelques dizaines de mètres. Quitter la piste forestière et partir à gauche.

❻ Au croisement, prendre à gauche le chemin qui descend ensuite à flanc de versant vers Corconne. Poursuivre par la route du cimetière et déboucher sur la place de la Mairie.

3 h 30 **12 Km** 340 m / 140 m

Situation Corconne, à 43 km à l'Ouest de Nimes par les D 999 et D 45

 Parking entre **ⅅ** et **❶**

 Balisage jaune

⚠ **Difficultés particulières**

■ éviter les périodes de forte chaleur, les périodes humides et les jours de battue au sanglier ■ prendre garde aux cavités aux abords du sentier avant **❶** ■ bords de falaises à la chapelle

Ne pas oublier

À voir

 En chemin

■ Corconne : village perché ■ Pont du Hasard ■ Ruines du château-fort de Corconne 12e, chapelle romane 12e (reconstruite en 1870 avec les pierres des remparts du château)

 Dans la région

■ Ceyrac : chapelle, oppidum ■ Dernier four à huile de cade de la région à Claret (Hérault)

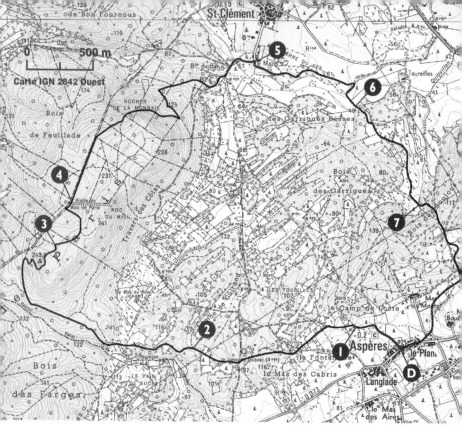

Carté IGN 2842 Ouest

Paysage : vert ou blanc ?

Parcourir ce circuit borné de jalons, avec en mains l'excellent topo-guide du circuit disponible au village qui vous expliquera la formation du paysage. Un paysage façonné par l'homme dont la présence ancienne est attestée par un oppidum à moitié enfoui dans la yeusaie, des capitelles et un chemin caladé qui court à flanc de coteau. Du haut de cet oppidum, la monoculture de la vigne marque fortement le paysage, héritage des moines défricheurs et bâtisseurs du monastère d'Aspères qui auraient

Ancienne abbaye de Psalmodie.
Photo F. de R.

les premiers cultivé ce vignoble. Ceux-çi pour vivre, dépierrent les champs (les murets rappellent leur dur labeur), déboisent le massif de chênes blancs pour se chauffer. Ce chêne ne trouve plus qu'au fond du vallon les conditions propices à sa survie : un sol plus profond et humide. Plus haut, mieux exposé au soleil, sur des sols lessivés par les pluies méditerranéennes, il a laissé sa place au chêne vert, l'arbre toujours vert des sols pauvres, qui jette ses racines dans la moindre fissure de la roche calcaire…

Le bois de Paris

Des garrigues aux gués, de la plaine d'Aspères au bois de Paris, de la vigne d'hier aux reboisements d'aujourd'hui, voici une boucle ponctuée de 13 haltes consacrées à la lecture des paysages.

D Suivre une ruelle entre un calvaire et un transformateur.

1 Monter entre les ruines du prieuré d'Aspères. A l'entrée d'un virage de la route, prendre un chemin carrossable. A l'intersection, monter à gauche. Le chemin serpente dans la garrigue. Il passe derrière une ruine, contourne un pylône.

2 A l'intersection, continuer tout droit. Passer un réservoir DFCI vert. Le chemin grimpe dans la garrigue. Passer une éolienne, laisser à gauche deux chemins carrossables. 200 m après la seconde intersection, prendre à droite une sente qui serpente, conduit à l'oppidum et longe les restes d'une capitelle.

3 Au bout, suivre à droite le chemin carrossable qui monte (*à l'intersection suivante, à droite : roc du Midi : belvédère, table d'orientation*). Descendre à un carrefour important (*grotte du Bois-de-Paris : 20 m à droite*).

4 Aller à droite. Le chemin débouche sur une petite clairière. Partir à gauche sur 10 m. A la patte d'oie, s'engager dans un sentier tortueux qui monte. A l'intersection, rester à gauche. Descendre le versant Nord du bois de Paris. Passer un pilier calcaire. Au bas de la colline, partir à gauche. Au carrefour en T, descendre à gauche. Franchir le pont. Poursuivre 100 m.

5 Au calvaire, suivre à droite le chemin de l'Eau-Chaude sur 100 m. Aller à gauche entre des villas, à droite, à la patte d'oie. Le sentier dépasse un mazet. 200 m après, tourner à droite le long des cannisses.

6 Franchir le gué, s'engager tout droit. Continuer sur la droite. Au carrefour en T, partir à gauche. Passer un mazet agricole.

7 Franchir un ru, grimper dans la garrigue, passer la ligne à haute tension.

8 En haut de la colline, aller tout droit. Dans la descente, partir à droite aux intersections. Entrer dans Aspères par une ruelle montante et rejoindre le parking.

4 h
12 Km

243 m
40 m

Situation Aspères, à 35 km à l'Ouest de Nîmes par les D 40, D 35 et D 254

 Parking à 100 m au Sud de la mairie

 Balisage jaune

Difficultés particulières

■ éviter l'été et les jours de chasse ■ attention en cas d'exploration de la grotte en **4** ■ gué en **6**

Ne pas oublier

À voir

En chemin

■ Aspèress ■ Saint-Clément : pont, source d'eau tiède à 17° qui ne coule qu'en période de fortes précipitations (à 50 m en amont du pont, château d'origine médiévale

 **Dans la région**

■ Sommières : cité médiévale, pont romain ■ Chapelle 12e de Saint-Jean-de-Salinelles ■ Villevieille : château 11e, château de Pondres 12e ■ Salinelles et ses quatre châteaux

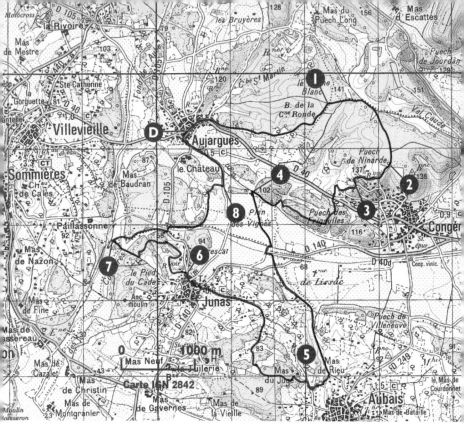

Les carrières de Junas

La pierre calcaire étant un des piliers de l'architecture gardoise, les carrières sont nombreuses dans le sud du département. Elles ont permis de bâtir jadis, Nîmes la romaine et tous ces villages pittoresques. Mais il est une carrière particulière qui mérite le détour, nichée au nord de Junas. Cet endroit magique et envoûtant, qui brille de mille feux au soir couchant, date de l'époque médiévale, quand la commune concédait des parcelles de carrière aux paysans locaux.

Chaque saison, mettant à profit le temps libre que leur laissaient les travaux des champs, ces « paysans carriers » ont creusé ce calcaire coquillier facile à travailler pour construire leurs maisons. Au hasard des failles, des creux sont nés, entourés de cierges de roche formant les piliers d'une cathédrale dont la voûte se serait affaissée. Abandonnées avant guerre, ces carrières abritent aujourd'hui des jardins potagers et trois jours durant un festival de jazz, les chaudes soirées d'été de mi-juillet.

Ancienne carrière de Junas.
Photo F. de R.

144

Le chemin des oliviers

De collines en vallons, voilà un pays qui réserve des surprises : manade sous des pins, carrières abandonnées, prés couverts de narcisses au printemps, villages aux ruelles étroites et fraîches…

Situation Aujargues, à 25 km à l'Ouest de Nimes par la D 40

 Parking église

Balisage jaune

 Difficultés particulières

■ éviter les jours de fort mistral ■ gué en ❼ ■ attention dans les carrières entre ❻ et ❼

D Suivre au Nord la rue de la République, monter le chemin des Oliviers. Après la croix, traverser une pinède, longer un mur à droite. Gagner un croisement (*borne*).

❶ Descendre à droite. A la pinède (*manade de taureaux*), tourner à droite, longer les enclos sur 250 m. A la patte d'oie, monter à droite le chemin d'Alès.

❷ Au mazet, aller à droite sur 20 m. A la patte d'oie, partir à gauche. Le chemin serpente dans une pinède. A la route, continuer à droite en longeant une maison basse. Atteindre un important carrefour.

❸ Aller à droite sur 200 m. S'engager à gauche ; le chemin descend. Couper la D 40 (*prudence*), prendre la sente en face sur 200 m. Retrouver un chemin, partir à droite. A la route, tourner à gauche et s'engager sous la voie rapide dans une buse. Monter à droite, longer la voie rapide.

❹ Au croisement, prendre plein Sud un bon chemin. Franchir la voie ferrée, virer à gauche. Passer un mazet agricole, couper la D 140. Prendre le chemin de Lissac. Franchir le Lissac. Aller à droite au croisement (*à gauche, à l'aplomb du mas de Rieu, à proximité d'un puits et d'un grand platane, une sente balisée conduit en quelques minutes sous le château d'Aubais ; manade en contrebas*).

❺ Prendre à gauche un chemin sableux. Au mas du Juge, grimper à gauche. Passer sous un cèdre. Prendre à droite après le mur d'enceinte. Rester sur le chemin principal, retrouver la route. A Junas, suivre la route d'Aujargues. A la sortie du village, prendre à gauche le chemin des Ayres.

❻ Du parking en terre, continuer à l'Ouest. Avant la route, descendre à droite une sente dans les carrières (*balisage au sol*). Après la barrière, descendre à gauche une sente tortueuse en sous-bois (*bien suivre le balisage*). Longer un pré, couper un mur écroulé, prendre à droite après une rupture de pente. Franchir un ru.

❼ Descendre à droite, franchir le gué, grimper à droite un chemin. Passer sous le pont, partir à droite vers l'ancienne gare. Ne pas franchir le passage à niveau, prendre une sente tout droit, longer la voie ferrée. Monter à gauche, longer des vergers, gagner une route.

❽ Aller à gauche. Au rond-point, franchir la voie rapide (prudence), gagner Aujargues, rejoindre le parking.

Ne pas oublier

À voir

 En chemin

■ Ruelles d'Aujargues
■ Croix de Secan
■ Junas : ruelles, carrières

 **Dans la région**

■ Aubais : village pittoresque, château 17e (le « Versailles du Languedoc »), chapelle Saint-Nazaire ■ Roc de la Gachonne et ses trois moulins ruinés ■ Site d'Ambrussum ■ Oppidum de Nages 3e av. J.-C. (un des plus importants du Languedoc-Roussillon)

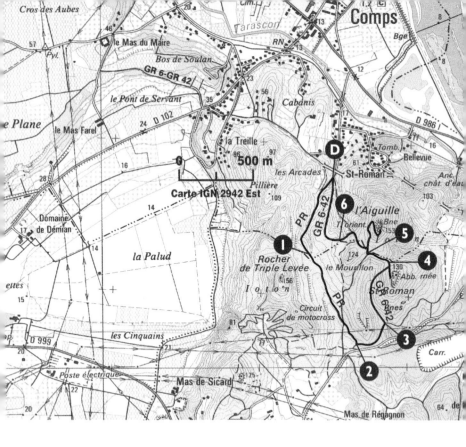

Abbaye de Saint-Roman

Cette abbaye, dont la première mention date de 1008, et probablement beaucoup plus ancienne, dépendait de l'abbaye gardoise de Psalmody. Les vestiges de l'abbaye sont en bonne partie taillés dans la roche calcaire : tombeau à reliques, siège abbatial sculpté et très grande chapelle pour les vestiges religieux, mais aussi un pressoir dont malheureusement la cuve a

été détruite pour récupérer la pierre, des silos à grain et des citernes car l'approvisionnement en eau était l'un des problèmes de l'abbaye.

Une terrasse rocheuse, à l'ombre des pins parasols, nous offre une vue magnifique sur la vallée du Rhône. Elle est remarquable par les quelques 150 tombeaux creusés dans le roc.

Tombeaux creusés.
Photo D.G.

L'abbaye de Saint-Roman  50

Sur les collines façonnées par l'homme qui a bâti Beaucaire de cette pierre résistante et facile à travailler, partez sur les traces des moines et des chasseurs préhistoriques déjà là 60 000 ans avant notre ère.

Pin parasol.
Dessin N.L.

D Emprunter le sentier GR® sur 30 m et, par le chemin de droite, remonter à gauche le fond de la vallée.

▶ Possibilité d'observation en pleine chaleur du circaète jean-le-blanc qui trouve dans ces collines les serpents nécessaires à son alimentation.

❶ A la première intersection rencontrée depuis le début de la montée, aller à droite sur 30 m, puis s'engager à gauche sur une sente qui serpente sous un sous-bois de chênes verts (*ancien parking*). Passer devant une ancienne bergerie ruinée.

❷ Tourner à gauche et monter plein Est sous l'allée de pins pignons. Traverser le second parking (*gardé seulement pendant les périodes d'ouverture de l'abbaye*).

❸ Monter par le chemin des Moines, aménagé en larges escaliers, jusqu'à l'abbaye troglodytique de Saint-Roman (*entrée payante*).

❹ Tourner à gauche et passer devant une ancienne colonne (*à droite, A/R à l'abbaye*). Gagner une intersection importante.

❺ Prendre le sentier en face.

▶ Accès au second sommet du massif de l'Aiguille, aménagé par les moines : monter à droite.

A la sortie du sentier, prendre le chemin à gauche.

❻ Bifurquer à droite et, par un chemin caillouteux, descendre vers l'aqueduc, au milieu d'une lande à chênes kermès et à cistes essentiellement cotonneux.

▶ Possibilité d'observation des fauvettes pitchou et mélanocéphales tout au long de la descente.

---

1 h 30
4,5 Km

153 m
50 m

Situation Comps, à 20 km à l'Est de Nîmes par la D 999

 Parking au bout du chemin de St-Roman, avant l'aqueduc

Balisage
D à **❷** jaune
❷ à **D** blanc-rouge

 Difficulté particulière

■ attention aux falaises en visitant l'abbaye

Ne pas oublier

 **À voir**

En chemin
■ Vue sur la vallée du Rhône

Dans la région
■ Chapelle romane de Saint-Laurent 12e ■ Via Domitia au Sud de Jonquières : bornes milliaires ■ Mas des Tourelles : reconstitution d'une cave gallo-romaine ■ Beaucaire : château royal 11e, musée municipal (jardins du château), centre ancien rénové, hôtel de ville 17e, collégiale Notre-Dame-des-Pommiers 18e

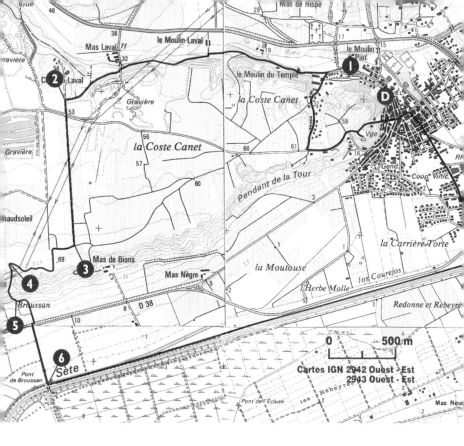

Costières et clairette

1 0 000 ha, 22 communes concernées, 73 caves et caveaux, une cave pilote (Gallician) : quelques chiffres pour mesurer l'importance de ce terroir qui s'étend au sud de Nîmes entre Vistrenque et Camargue d'une part, Vauvert à l'ouest et Beaucaire à l'est, d'autre part. C'est sur un coteau aride, vallonné, formé par les alluvions du Rhône qui s'écoulait jadis au pied de la Garrigue nîmoise, que les premières vignes sont apparues au 18e siècle. A partir de 1950, suite à l'irrigation de la Costière,

de grandes propriétés fleurissent, le vignoble s'accroît, puis se labellise. Mais il a fallu attendre 1980 pour accéder au statut d'AOC et 1984 pour changer de nom et rattacher ce terroir à la ville de Nîmes. Une « route des vins » permet de découvrir ce vignoble qui se caractérise par de nombreux cépages dont le grenache et la syrah et plus récemment la clairette qui fournit un petit vin pétillant qui enorgueillit la cave coopérative de Bellegarde.

Vignoble des Costières.
Photo F. de R.

Autour de la Costière

3 h
12 Km

69 m
6 m

C'est en mai qu'il faut se promener sur la Costière de Nîmes parsemée des mille couleurs des fleurs de notre région, et le long de ce canal rempli du chant des oiseaux, des batraciens, des insectes…

Rollier d'Europe. *Dessin P.R.*

❿ Prendre à gauche de la mairie la rue Pasteur, puis à gauche la rue de la République. Traverser la rue de St-Gilles et la place St-Jean pour prendre l'escalier à droite de la place, traverser la rue et monter en face par la rue de Chanzy d'abord goudronnée, puis en terre. Après la vierge, continuer à monter à droite de la route jusqu'au plateau. Descendre à droite par la rue Coste-Canet.

❶ Bifurquer à gauche sur un chemin de terre carrossable qui longe le Rieu. A partir du moulin Laval, le chemin monte plus franchement, croise une route, puis atteint le haut du plateau.

❷ Tourner à gauche. Contourner par la droite le convoyeur de gravier et revenir de l'autre côté pour poursuivre tout droit entre deux haies d'oliviers.

❸ Au bout de l'allée, bifurquer à droite sur un chemin qui longe le rebord boisé du coteau. Dépasser la ligne à haute tension de 100 m.

❹ Descendre à gauche sous les pins. Le sentier serpente sous le bois, puis franchit une roubine asséchée.

❺ Enjamber le grillage et bifurquer à gauche. A l'intersection suivante, descendre à droite vers la route. Traverser la D 38 (*prudence*) et se diriger vers la guinguette du pont de Broussan.

❻ Ne pas franchir le pont et, à gauche, longer le canal du Rhône à Sète jusqu'au port de Bellegarde.

❼ Monter vers l'ancien pont, puis descendre à gauche. Au croisement, aller à gauche puis à droite vers le centre-ville. Emprunter la rue d'Arles, puis, à gauche, la rue de la République et revenir au parking.

Situation Bellegarde, à 15 km au Sud-Est de Nîmes par la N 113

Parking place de l'église

Balisage jaune

Difficulté particulière

■ éviter les jours de chasse et ceux de fort mistral

Ne pas oublier

À voir

En chemin

■ Bellegarde (plaquette de visite de la ville disponible en mairie) : lavoir, ruelles, point de vue de la tour de Bellegarde (contemporaine de la tour Magne à Nîmes, détruite au cours des invasions et relevée par les templiers au 12e) ■ Chapelle romane du mas de Broussan

Dans la région

■ Ancienne gravière du château Laval ■ Château de Fourques 11e ■ La Croix-Couverte : oratoire gothique 14 e ■ Manades dans la plaine au Sud de Bellegarde

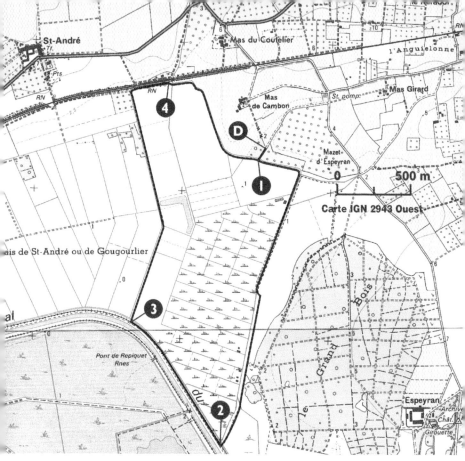

La bouvine

u sud du Cailar com-
mence la « bouvine ».
Les saules traditionnels ont
cédé beaucoup de terrain au
frêne et au platane, mais on
peut cependant en voir encore
quelques beaux spécimens.
Dans les prés arrosés par le
Vistre et le Vieux Rhôny, les
taureaux noirs de Camargue
sont dans leur domaine. Ces
taureaux, bœufs le plus
souvent, ne sont pas destinés à
la corrida, mais aux courses camarguaises, où l'animal n'est pas mis à
mort. Contrairement à leurs collègues
espagnols, les taureaux camarguais
peuvent ainsi couler de longs jours
heureux, du moins le présume-t-on, et

«Coursejade» d'un jeune taureau. *Photo CDT30*

les plus célèbres d'entre eux passent à
la postérité : deux au moins de ces
taureaux ont un monument à leur
gloire, le Cosaque au pied de la tour
d'Anglas, et le Sanglier au Cailar.

Autour du marais de Cougourlier 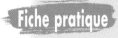 **52**

Non loin de la Grande Camargue, un circuit idéal pour la famille, autour d'une manade, pour permettre aux enfants de découvrir les hôtes prestigieux de la camargue fluvio-lacustre : hérons, canards…

▶ Sentier équipé de haltes de découvertes (*document disponible à l'Office de tourisme de Saint-Gilles*).

D Franchir le pont en béton sur une « roubine ».

❶ (*Mazet du Niargue*) S'engager à gauche sur le chemin carrossable. Après 250 m, celui-ci fait un coude à droite. Suivre tout droit le chemin assez large qui

Héron garde-bœuf. *Dessin P.R.*

s'enfonce entre un marais à gauche (*aigrettes garzettes*) et des prés à droite (*taureaux, chevaux et leur oiseau commensal, le héron garde-bœuf*).

❷ (*Chemin des Poissonniers*) Prendre à droite en direction de Repiquet, en longeant le canal du Rhône à Sète.

▶ Observation du haut de l'*Escalassoun* de la roselière des marais du Scamandre et de sa faune sauvage (*hérons cendrés et pourprés*).

❸ (*Repiquet*) Prendre à droite le chemin bordé de cannes de Provence en direction de Coutelier.

❹ (*Coutelier*) Contourner la maison du garde-barrière par la gauche en direction du Mazet du Niargue.

❶ (*Mazet du Niargue*) Prendre à gauche et franchir le pont sur la « roubine » pour rejoindre le point de départ.

---

2 h · 6 Km 13 m / 1 m

Situation Marais de Cougourlier, à 4 km à l'Ouest de Saint-Gilles par la N 572 (à gauche au niveau du silo à grains, direction «Château d'Espeyran» puis «sentier du Cougourlier»)

 Parking en bord de route

 Balisage jaune

 Difficultés particulières

■ éviter les jours de fort mistral ■ bien refermer les barrières franchies

Ne pas oublier

À voir

 **En chemin**

■ Roselière (de l'autre côté du canal : la plus grande de France)

Dans la région

■ Saint-Gilles : abbatiale, maison romane 12e, crypte 11e, escalier hélicoïdal 12e, écluse ■ Tour de la Motte 12e (rive droite du Petit-Rhône) ■ Châteaux d'Espeyran, de Surville et de Générac 11e ■ Petit-Rhône et rizières de la Fosse

151

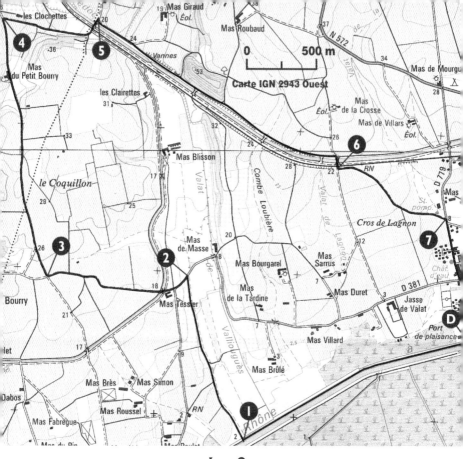

La Sagne

Un sagneur, sur son « barquet ». Photo CDT 30

Ce mot désigne à la fois une grande plante herbacée, le milieu naturel où elle se trouve ainsi que les activités et l'économie qui lui sont attachées. C'est le nom régional du roseau par excellence, le phragmite phragmites australis, présent dans le monde entier.

Cette plante vivace, parfois de 4 mètres de haut pousse dans l'eau. Elle forme sur les rives des étangs aux eaux et aux pentes douces les immenses « sagnas » impénétrables et mystérieux, peuplés d'oiseaux sonores mais invisibles. Le mot désigne aussi la récolte du roseau. La sagne d'été est un fourrage pour les taureaux, la sagne d'hiver est utilisée pour les toitures. Le sagneur, a délaissé sa barque à fond plat et son « sagnadou » pour des machines de plus en plus adaptées.

D'un canal à l'autre

Fiche pratique **53**

3 h
10 Km

30 m
2 m

Situation Gallician
(commune de Vauvert), à
28 km au Sud-Ouest de
Nîmes par les D 13, D 135,
N 572 et D 779

Pays d'eau et de taureaux, il est aussi celui des sagneurs qui disposent, autour des étangs de Scamandre et du Charnier, de la plus grande roselière de France.

Parking halte
nautique (avant
le pont)

Balisage jaune

⓿ Avant le pont, s'engager à droite et emprunter la berge du canal du Rhône à Sète. Dépasser une rangée d'oliviers de Bohème de 250 m.

**Difficultés
particulières**

■ éviter les chaleurs de l'été
et les jours de fort mistral
■ passerelle en **❶**

Guêpier
d'Europe.
Dessin P.R.

❶ Franchir à droite la passerelle en bois et suivre le chemin bordé d'une roubine.

Ne pas oublier

❷ A l'intersection en T, prendre la route à gauche sur 125 m. A la première intersection, aller tout droit. Passer derrière le mas Teissier entre deux haies de cyprès et franchir le canal d'irrigation de la Costière. S'engager tout droit entre les vergers sur un chemin carrossable de galets (*anciennes alluvions du Rhône*).

❸ Partir à droite entre les vignes, puis descendre un chemin goudronné qui passe derrière le mas du Petit-Bourry aux deux clochers rouges. Poursuivre sur 400 m.

À voir

❹ En bas de la descente, s'engager à droite sur un chemin de terre qui monte en sous-bois.

**En
chemin**

❺ Franchir le canal.

■ Gallician : cave
coopérative viticole (cave-
pilote) ■ Carrière des
Clochettes où nichent guêpiers et rolliers d'Europe

▶ Observation de nombreux guêpiers d'Europe sur les fils en été.

Emprunter à droite une piste carrossable qui longe le canal d'irrigation en le surplombant de quelques mètres. Laisser trois ponts sur la droite.

**Dans
la région**

❻ Repasser le canal. Prendre à gauche un chemin de terre qui grimpe sur quelques mètres, puis descend entre les vignes à la D 779.

■ Les Iscles : centre de
découverte nature du
Scamandre ■ Aigues-
Mortes ■ Pont des
Tourradons (observation de
la Petite-Camargue fluvio-
lacustre) ■ Caves de Listel
■ Salins du Midi

❼ La suivre à droite (*prudence*) et revenir au point de départ.

LES SENTIERS DE GRANDE RANDONNÉE®

DANS LA RÉGION

GR® Sentiers
de Grande
randonnée

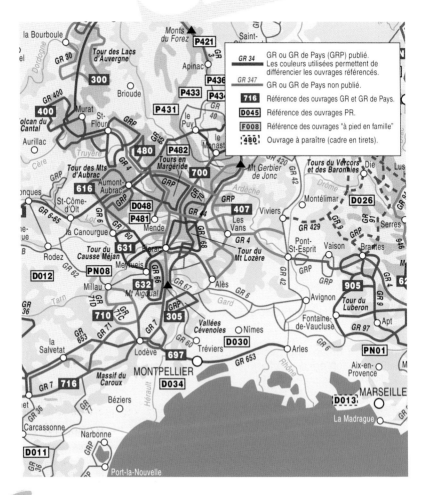

GR 34	GR ou GR de Pays (GRP) publié. Les couleurs utilisées permettent de différencier les ouvrages référencés.
GR 347	GR ou GR de Pays non publié.
716	Référence des ouvrages GR et GR de Pays.
D045	Référence des ouvrages PR.
F008	Référence des ouvrages "à pied en famille"
480	Ouvrage à paraître (cadre en tirets).

Randonner
quelques JOURS

Partir entre amis, en famille sur les sentiers balisés à la recherche des plus beaux paysages de France.

Les topo-guides des sentiers de Grande Randonnée ®de la FFRP sont indispensables pour bien choisir sa randonnée.

Ces guides vous feront découvrir la faune, la flore, les sites naturels merveilleux, un vrai régal pour les yeux.

Marcher, rien de tel pour se refaire une santé.

100 GUIDES
pour découvrir tous les GR® de France !

Où que vous soyez, où que vous alliez en France, vous trouverez un sentier qui vous fera découvrir d'extraordinaires paysages. Les topo-guides FFRP guideront vos pas vers ces lieux purs, naturels et revivifiants.

155

BIBLIOGRAPHIE

Connaissance de la région

- Girault M., *Le Chemin de Régordane*, éd. Lacour.
- Joutard P., *Les Cévennes de la montagne à l'homme*, éd. Privat.
- Clément P.A., *Les Chemins à travers les Ages en Cévennes et Bas-Languedoc*, éd. Les Presses du Languedoc.
- Moreau M., *Les châteaux du Gard : du Moyen Age à la Révolution*, éd. Les Presses du Languedoc.
- *Le Pont du Gard : l'eau dans la ville antique*, éd. CNRS.
- Carrière J., *L'épervier de Maheux*, éd. R. Laffont.
- Chamson, *La Galère*, éd. Gallimard.
- Chabrol J.-P., *Les Rebelles*, éd. Plon.
- Chabrol J.-P., *Les Fous de Dieu*, éd. Gallimard.
- Stevenson R.-L., *Voyage avec un âne dans les Cévennes*, éd. Dix Dix-Huit.
- Vielzeuf A., *Et la Cévenne s'embrasa*, éd. Lacour.
- Gaussen I., *Poètes et prosateurs du Gard en langue d'Oc*, éd. Les Belles Lettres.
- Bousquet G. - Daycard D., *Oiseaux nicheurs du Gard*, Centre ornithologique du Gard.

Ouvrages généraux

- Soulier A., *Le Languedoc pour héritage*, éd. Presses du Languedoc.
- Faure D. et Lacamp M.-O., *Serres et Vallats des Cévennes*, éd. Chêne.
- *Cévennes et Grands Causses, Gévaudan / Languedoc*, éd. Presses du Languedoc.
- Bombal V. et Dufour D., *Guide de la France côté nature*, éd. Edisud.
- *Dictionnaire d'Amboise Languedoc-Roussillon*, éd. d'Amboise.
- *Guide Bleu Languedoc-Roussillon*, éd. Michelin.
- *Le Languedoc Méditerranéen Aude / Gard / Hérault*, éd. Christine Bonneton.
- *Guide vert Provence*, éd. Michelin.
- *Guide du Routard Languedoc Roussillon*, éd. Guides du Routard.
- Soulier A., *La cuisine secrète du Languedoc-Roussillon*, éd. Presses du Languedoc.
- Magos I., *Le guide des Cévennes*, éd. La Manufacture.
- Gas A., *Nîmes, Pont du Gard, sites et cités*, éd. Du Médian.
- Les Ecologistes de Leuzière, *Nature Méditerranéenne en France*, éd. Delachaux et Niestlé.
- Aguilar J., Dommanget J.-L., *Guide des libellules*, éd. Delachaux et Niestlé.
- Rougier H., *Voyage à pied à travers les Cévennes*, éd. Lacour.
- Cantarel S., *Cheminement pédestre*, éd. Lacour.
- *Parc National des Cévennes*, Collection Guide Gallimard, éd. Gallimard.

Sur la randonnée

- Mouraret A. et S., *Gîtes et refuges en France*, éd. La Cadole.

Cartes, cartoguide et topo-guides de randonnée

- Cartes IGN au 1 : 25 000 : n° 2739 OT, 2839 OT, 2939 OT, 2640 OT, 2740 ET, 2840 OT, 2940 OT, 3040 OT, 2641 OT et ET, 2741 ET, 2841 E et O, 2941 E et O, 3041 O, 2742 ET, 2842 E et O, 2942 E et O, 2843 OT, 2943 O.
- Carte IGN au 1 : 100 000 : n° 59 et 66
- Carte Michelin au 1 : 200 000 : n° 240
- Collection Les cartoguides du Gard : Gorges du Gardon.
- Collection Autour du Parc National des Cévennes :
    - Sentiers de découverte du canton de Trèves,
    - Sentiers de découverte de la Vallée de la Vis, des Causses et de l'Oiselette,
    - Sentiers de découverte de la Vallée Borgne,
    - Sentiers de découverte de la Haute Vallée de la Cèze,
    - Sentiers de découverte en Hautes Cévennes, autour de Génolhac.
- *Entre Cèze et Garrigues*, éd. Sivom des cantons de Pont-Saint-Esprit/Lussan.
- *Entre Cèze et Ardèche*, éd. Sivom des cantons de Pont-Saint-Esprit/Lussan.
- *Aspères paysages en histoire,* éd. Commune d'Aspères.
- *Aspères pas à pas*, éd. Commune d'Aspères.
- *La Petite Draille*, Foyer Laïc de Saze.
- *Vallées Cévenoles et Hauts-Gardons*, éd. Chamina.

- Pour connaître la liste des autres topo-guides de la FFRP sur la région, se reporter au catalogue disponible au Centre d'information *Sentiers et randonnée* (voir p. 15).

REALISATION

La création des circuits et la réalisation de ce topo-guide ont mobilisé de nombreux partenaires : Conseil Général du Gard , Comité Départemental du Tourisme du Gard, Comité Départemental de la Randonnée Pédestre du Gard (CDRP 30), Centre Régional de la Propriété Forestière (CRPF), Office National des Forêts (ONF), Offices du Tourisme et Syndicats d'Initiative du Gard, Parc National des Cévennes (PNC), Syndicats Intercommunaux, Etablissements Publics de Coopération Intercommunale, Chartes Intercommunales, Pays d'Accueil Touristiques, Voies Navigables de France, bénévoles d'associations, communes concernées.

Le tracé des sentiers a été réalisé par les Offices de Tourisme Syndicats d'Initiative de Génolhac, Bessèges, Vallée Borgne, Saint-Jean-du-Gard, Anduze, Valleraugue, Allègre Les Fumades, Lussan et Méjannes le Clap, les communes de Robiac, Molières-sur-Cèze, Saint-Julien-Les-Rosiers, Sabran, Bourdic, Rochefort-du-Gard, Nîmes, Bellegarde et Saint-Gilles-du-Gard, les amis de la Vallée de Mialet, la Communauté de Communes des Hauts Plateaux, le Pays d'Accueil Touristique du Vigan, le Pays d'Accueil Touristique des Terres de Sommières, la Charte Intercommunale de la Moyenne Vallée du Vidourle, le SIVOM de Pont-Saint-Esprit / Lussan, l'association ARCCA, de nombreuses associations du CDRP 30 : l'ASPTT Alès-Nîmes, Les Chamois des Garrigues, Rando Cèze, Lou Cami, ATC, ATP, Agri-sentiers, Lou Randonnaïres Bességeois, Les Randonneurs Cigalois, l'Escapade, le Club Pédestre de Vézénobres et les baliseurs du CDRP 30.

La description des circuits a été réalisée par la société Latitude, sous la responsabilité de Gilles Bousquet, avec la participation d'André Bailly, Nadine Grosgurin, Nicolas Gogue, Jean-Brice Mercat et Roger Angebaud.

La mise à jour des textes pour cette nouvelle édition a été réalisée par le CDRP 30 et le CDT 30.

Les textes thématiques ont été écrits par Gilles Bousquet et Pierre Roland, de la société Latitude.

Le texte «Découvrir le Gard» a été écrit par Pierre-Albert Clément, historien.

Les infos pratiques ont été rédigées par Eliane Espaze, sous la direction de Claude Rezza, CDT du Gard. Les pages 6, 7, 8 et 12 ont été rédigées en collaboration avec Anne-Marie Minvielle.

La coordination de l'édition a été assurée par Claude Rezza, Directeur du CDT du Gard, assisté d'Eliane Espaze (CDT du Gard), Olivier Thérond (Conseil Général du Gard), et Eric Bosc, Président du CDRP du Gard, assisté d'Aurélie Launay.

Les illustrations sont de Nadine Grosgurin (N.G.), Nathalie Locoste (N.L.) et Pascal Robin (P.R.).

Les photographies sont de Gilles Bousquet (G.B.), de la collection du Comité Départemental du Tourisme du Gard avec la collaboration de Dominique André (CDT 30), du Musée du Désert / Claude Malhautier (C.M./M.D.), Christophe Marcouly (C.M.), Gilles Coladon (G.C.), Bernard Delgado (B.D.), Réné Delon (R.D.), Dominic Goury (G.D.), Francis de Richemond (F. de R.), Dominique Gengembre (D.G.) et Nicolas Vincent (N.V.).

En couverture : Pont du Gard (grand image) ; guardian (vignette haut) ; châtaignes (vignette bas), photo de la collection du Comité Départemental du Tourisme du Gard.

Montage du projet, et direction des éditions : Dominique Gengembre.
Secrétariat d'édition : Nicolas Vincent, Philippe Lambert.
Cartographie et couverture : Olivier Cariot, Frécéric Luc. Mise en page : Elisabeth Fally, Nicolas Vincent. Lecture et corrections : Brigitte Bourrelier, Jean-Pierre Feuvrier, Elisabeth Gerson, Anne-Marie Minvielle, Hélène Pagot et Gérard Peter. Suivi de fabrication : Jérôme Bazin, Matthieu Avrain, Delphine Sauvanet.

Création maquette : Florelle Bouteilley, Isabelle Bardini - Marie Villarem, FFRP.
Les pictogrammes et l'illustration du balisage ont été réalisés par Christophe Deconinck, exceptés les pictogrammes de jumelles, gourde et lampe de poche qui sont de Nathalie Locoste.

Cette opération a été réalisée et cofinancée à l'initiative : du Conseil Général du Gard, présidé par monsieur Alain Journet, Sénateur du Gard ; du Comité Départemental du Tourisme du Gard, présidé par monsieur Yvan Verdier, Conseiller Général et elle a bénéficié d'une aide financière de l'Europe.

Pour découvrir
la France à *pied*®

Vous venez de découvrir un topo-guide
de la collection "Promenade et Randonnée". Mais savez-vous
qu'il y en a plus de 200, répartis dans toute la France, à travers...

Une région   Un parc naturel

Un pays   Un département

Pour choisir le topo-guide de votre région ou celui de votre prochaine destination vacances,
demandez le catalogue gratuit de toute la collection au
Centre d'Information de la Randonnée 14, rue Riquet - 75019 Paris - tél. : 01 44 89 93 93

ou consultez le site
www.ffrp.asso.fr
Les nouvelles parutions y sont annoncées tous les mois

INDEX DES NOMS DE LIEUX

A
Aiguèze 80
Allègre 82
Anduze 52
Aspères 142
Aubais 144
Aujargues 144

B
Bagnols-sur-Cèze 88
Barjac 78
Beaucaire 146
Bellegarde 148
Belvézet 106
Bessèges 34
Blauzac 116
Bonnevaux 28
Bordezac 30
Bourdic 110
Bragassargues 138
Bréau et Salagosse 70

C
Camprieu 58
Collias 120
Concoules 24
Comps 146
Corconne 140
Crespian 138

D
Dourbies 60

G
Génolhac 26

J
Junas 144

L
La Capelle Masmolène 112
Le Vigan 72
Le Pin 112
Les Plantiers 44
Lussan 86

M
Méjannes-le-Clap 84

Mialet 48
Molières-Cavaillac 70
Molières-sur-Cèze 38

N
Nîmes 128
Notre-Dame-de la Rouvière . .66

O
Orsan 92

Q
Quissac 136

R
Robiac-Rochessadoule 36
Rochefort-du-Gard 126

S
Sabran 88
St-André-de-Valborgne 42
Ste-Anastasie (Russan) 114
St-Bonnet-du-Gard 122
St-Gilles 150
St-Hippolyte-du-Fort 134
St-Jean-du-Gard 46
St-Julien-les-Rosiers 40
St-Michel-d'Euzet 90
St-Paulet-de-Caisson 90
Sauve 136
Seynes 102
Sumène 74

T
Thoiras 50
Tornac 52

U
Uzès 118

V
Valbonne 90
Valleraugue 64
Vauvert - Gallician 152
Vénéjan 96
Vers-pont du Gard 122
Vézénobres 100
Vissec 69

Compogravure, impression : CORLET, Condé-sur-Noireau, N° d'Imprimeur : 70570